파워 스팟 일본 여행

파워 스팟 일본 여행

2025년 10월 14일 1판 1쇄 인쇄 / 2025년 10월 25일 1판 1쇄 발행

지은이 정준 / 펴낸이 임은주
펴낸곳 도서출판 청동거울 / 출판등록 1998년 5월 14일 제2023-000034호
주소 (12284) 경기도 남양주시 다산지금로 202(현대테라타워 DIMC) B동 317호
전화 031) 560-9810 / 팩스 031) 560-9811
전자우편 treefrog2003@hanmail.net | 네이버블로그 청동거울출판사

일부 사진 자료 제공처 : 나고야성, 위키디피아, 홋카이도, 일본여관협회, 나라 현, 오카야마 현, 오사카 · 간사이 추천 스폿, 교토 시 관광청, 나가노 현, 나가노 블로그(나가노 왜 안가노), 지고쿠다니 야생 원숭이 공원, 게로온천 여관협동조합, 일본 정부 관광국 JNTO, 시라카와고 관광협회

북디자인 서강
출력 우일프린테크 | 인쇄 하정문화사 | 제책 정성문화사

책값은 뒤표지에 있습니다.
잘못 만들어진 책은 바꾸어 드립니다.
지은이와의 협의에 의해 인지를 붙이지 않습니다.
이 책의 내용을 재사용하려면 반드시 저작권자와 청동거울출판사의 허락을 받아야 합니다.
이 책의 본문은 친환경 재생용지를 사용해 제작했습니다.
ⓒ 2025 정준

power spot Japan travel
Written by Jung Jun.
Text Copyright ⓒ 2025 Jung Jun.
All rigshts reserved.
First published in Korea in 2025 by CheongDongKeoWool Publishing Co.
Printed in Korea.

ISBN 978-89-5749-243-7 (03980)

파워 스팟 일본 여행

달콤한 휴식과 새로운 힘을 주는 일본 파워 스팟을 찾아가는 이색 여행!

정준 지음

| 차례 |

프롤로그 • 8

1 간사이 국제공항에서 만난 무병장수의 상징, 츠루 • 14

2 꽃과 약초가 향기로운 꿈의 고장, 나라 • 70

3 도쿄에서 만난 백학 • 108

4 오카야마의 고라쿠엔 정원 • 142

5 효고 현 다카라츠카 시의 뮤지컬 극단 • 164

6 오사카 부 미노 시의 힐링 숲과 미노 폭포 • 180

7 오사카 부 사카이 시의 다이센 공원 • 200

8 교토 니조죠의 니노마루고텐 • 222

9 일본 힐링 여행의 마지막 히든 스팟, 백학 온천 • 234

에필로그 • 262

| 부록 | 일본 가수 가요코 유자와의 힐링 노래 ● 60
모모다니 쇼핑가의 힐링 맛집, 사쿠라 테이 ● 66
K-학춤 테라피
　1. 현대인의 '전신 무기력증'을 해소하고 '활력'을 솟구치게 하는
　　〈K-학춤 테라피 5분 건강법〉 ● 158
　2. 요통과 어깨통증을 해소하는 〈K-학춤 테라피 5분 기공법〉 ● 194
　3. 두통에서 해방되고 '맑은 정신'을 유지하는
　　〈안티에이징 K-학춤 테라피 명상법〉 ● 216

파워 스팟 일본 여행

달콤한 휴식과 새로운 힘을 주는
일본 파워 스팟을 찾아가는 이색 여행

프롤로그

세도나(Sedona) (ⓒ위키피디아)

독자 여러분! 미국의 세도나(Sedona)를 아시나요?

세도나는 아메리카 대륙의 인디언들이 영험한 기운이 서려 있는 신비로운 장소로 여기며 경외감을 지녔던 곳입니다.

세도나처럼 '상서러운 기운이 서려 있는 특별한 장소'를 파워 스팟(Power Spot)이라고 부릅니다. 옛 성인들은 '인걸지령(人傑地靈)'이라고 했습니다. 세도나와 같은 영지(靈地)가 사람의 내면과 건강에 많은 영향을 끼친다는 뜻이죠.

저는 "건강과 행복의 묘약"을 찾기 위해 동아시아 전역에 산재되어 있는 파워 스팟을 연구해 왔습니다. 영험한 기운이 솟구치는 파워 스팟을 찾기 위해 일본 열도에서만 해도 지난 10년 동안 곳곳을 열심히 탐방했습니다.

그 결과 제가 깨달은 진정한 파워 스팟은 백학(白鶴)의 고귀한 기를 느낄 수 있는 츠루(鶴, 천연기념물 202호) 파워 스팟이었습니다. 백학은 전 세계에서 동아시아 3국인 한국·중국·일본만이 공유하고 있는 고유한 신선 문화(神仙文化)를 상징하는 유일한 새입니다.

백학은 무려 6백만 년 전 원시지구에서 살았던 시조새의 후손으로 탄생한 '살아 있는 화석'이라고 합니다. 백학은 동아시아에서 신선들이 타고 다니는 경이로운 길조(吉鳥)였고 때로는 신선과 동급의 대우를 받는 하늘의 진객(珍客)이었습니다.

중국 길림성 집안현의 고구려 고분 벽화에 '학을 탄 신선 그림(승학신선도, 乘鶴神仙圖)'이 나올 정도로 백학은 지난 수천 년 동안 수많은 노장사상가(老莊思想家)들이 '무병장수(無病長壽)의 상징'으로 숭상한 유일한 새였습니다. 한겨울이면 하염없이 쏟아지는 새하얀 눈을 온몸으로 맞으며 북쪽 하늘에서 우아한 날갯짓을 하는 백학을 보면서 고대의 동아시아인들은 무병장수의 기운을 전하는 하늘의 전령으로 숭상했던 것입니다.

무병장수는 동서고금을 막론하고 인류의 오랜 소원이었습니다. 게다가 "노화를 멈추는 안티에이징(Anti-aging)을 하면서 젊게 살 수 있다면" 그야말로 금상첨화가 아닐까요?

저는 일본 열도 곳곳에서 찾아낸 츠루(鶴) 파워 스팟(Power Spot)을 통해 학을 테마로 하는 신비로운 예술 테라피(Art Therapy) 효과를 많은 분들에게 알려 드리고 싶었습니다.

테라피는 라틴어(therapia)와 그리스어(therapeia)에서 유래한 단어로서 몸과 마음을 치유하는 봉사입니다. 아로마 테라피·음악 테라피·미술 테라피처럼 서양 의학적 치료를 보조하는 대체의학(代替 醫學)의 한 부분을 담당하고 있습니다. 이 세상에 현존하는 모든 테라피 요법들 중에서 츠루 테라피는 단연 으뜸입니다.

학(鶴)을 테마로 하는 예술작품들은 이미 그 자체로 우수한 예술 테라피 효과를 갖고 있습니다. 학의 다양한 동작들을 응용한 학 호흡법·학 명상법·학춤의 동작들은 대단히 탁월한 K-기공이며 효과가 뛰어난 K-요가로 평가 받고 있습니다.

저는 지난 10년 동안 일본 열도 곳곳을 답사하던 중에 일본의 전문 의사·약초 전문가·힐링 음악가·훌륭한 예술인들도 만나게 되었습니다.

특히 일본은 2012년에 '불로장생의 세포'로 알려진 줄기세포 연구로 노벨생리의학상을 수상했습니다. 이러한 성과를 토대로 관련 치료법이 개발되고 있는데, 그중에서도 한류 스타를 비롯한 한국의 많은 대기업 경영진 가족들 사이에서 NK세포 면역요법과 줄기세포 치료 의사로 명성이 높은 코스미 의사와 귀중한 인터뷰를 하고, 또한 도쿄와 오사카에서 가장 유명한 줄기세포 전문 병원을 취재하고 의사들과 인터뷰를 할 수 있었습니다.

그리고 여성들로만으로 구성된 일본 유일의 뮤지컬 극단으로 명성이 자자한 다카라츠카 가극단 출신이며 현재 일본 최대 엔터테이먼트 기업인 요시모토 흥업 연예인으로 활동 중인 센도 가호 씨 가족의 따뜻한 배려로 힐링과 예술과 레저의 도시인 다카라츠카 시에 대해 자세히 안내받을 수 있

백학이 그려진 새해 연하장

었습니다.

'일본 최초의 약초원'이 있는 나라 현에서는 40년 동안 약초와 음식을 깊이 연구한 여성 약초 장인인 클레멘츠 가오리 여사와 인터뷰를 하면서 건강과 인생에 대한 폭 넓은 인터뷰를 할 수 있었습니다.

또한 음성을 듣는 것만으로도 청량한 힐링의 기운이 느껴지는 도쿄의 여가수 카요코 유자와 씨의 아름다운 노래들을 감상하면서 맑은 영혼의 대화를 깊이 나누었고 독자 여러분들에게 카요코 유자와 씨의 힐링 노래들을 기쁜 마음으로 소개할 수 있게 되었습니다.

저는 그분들과 만나면서 새롭게 느낀 것은 '특별한 장소만이 파워 스팟이 아니라 특별한 사람도 파워 스팟이 될 수 있다'는 사실을 새삼 깨닫게 되었습니다.

독자 여러분들은 이 책을 통해 일본 열도의 동쪽에 있는 도쿄에서부터 서쪽의 아름다운 힐링 도시인 오카야마에 이르기까지 아주 색다르고 신비로운 일본의 츠루 힐링 문화의 생생한 현장으로 안내될 것입니다.

그리고 이 책의 마지막 장에서는 일본 열도의 은밀한 츠루 파워 스팟인 백학 온천에서 '이 세상에서 가장 우아한 심신 수련법'인 K-학춤(K-Crane Dance) 테라피에 입문하는 신비로운 힐링 여행을 하게 될 것입니다.

30년 전인 1995년 10월 11일, K-학춤이 영국 로이터 통신과 미국 CNN에서 "명상과 운동이 만난 K-스타일의 기(氣) 댄스"라는 극찬을 받으며 전 세계로 방영된 바 있습니다. 이 책을 통해서 한국의 K-학춤 테라피가 각종 스트레스에 시달리는 현대인의 심

1995.10.11 CNN 위성방송 영상보도

1995.10.11 CNN에 출연한 정준 작가

Meditation and exercise Korean style: Qi-dance

By Hong Ki-soo

Hundreds of South Koreans crowd a hall hall in Seoul and sway under the influence of a 41-year-old martial arts master.

It is a new dance, but the principles that inspired it are ancient.

Qi-dances were created by three South Korean martial arts masters as a form of moving meditation and exercise.

The trio, Yang Un-Ha, Chung Joon and Shin Jong-Jae, believe the dances can help cure illnesses as well as encourage fitness.

The dances can, say the masters, also solve weight problems by fostering a harmonious balance of the Yin and Yang Qi.

The Yin and Yang are the two opposing principles of Chinese philosophy — the former negative, feminine and dark, the latter positive, masculine and light.

Traditional practitioners of Qigong, a method of harnessing Qi, life energy, follow a program of concentration and visualization combined with deep breathing.

The dance creators, however, discovered the traditional dances and martial arts of Korea appeared automatically to mobilize Qi, without special concentration by the performer.

They combined dance moves with martial arts to create Qi-dance, designed to be easy for ordinary people.

According to Oriental medicine and philosophy, Qi is energy accumulated and cultivated in the center of the body, about an inch below the navel.

Qigong masters are said to be able to harness their own Qi to treat diseases in others and help the sick.

Healers say their Qi produces apparently spontaneous movement in the area affected by illness.

In the case of shoulder pain, the shoulder might shrug when the healer's Qi is transmitted. If the lumbar region is diseased, the waist might start to sway.

During the Qi-dance demonstration, the audience swayed as Yang performed.

Another dance, the Hak-choom-Qigong, is the marriage of Korea's original martial arts Taekkyon and traditional dance Hak-choom (Crane Dance), created by Chung Joon.

"In Hak-choom-Qigong, you move your lower body following the moves of Taekkyon and upper body following the moves of Hak-choom," said 39-year-old Chung, a four-dan (fourth level of proficiency) in Taekkyon. (Reuter)

People

"명상(Meditation)과 운동(exercise)이 만난 한국 스타일(Korean Style)의 기 댄스(Qi_dance)!"
1995년 10월 12일 코리아헤럴드 기사

신을 대자연의 호연지기(浩然之氣)로 충만하게 채우는 품격 높은 K-힐링 건강법이라는 사실도 아울러 느끼게 될 것입니다.

  마지막으로, 독자 여러분들께서 이 책을 통해 일본 10개 도시의 고품격 힐링 문화와 여행을 함께 즐기고 학(鶴)이 펼치는 신선(神仙)의 세계를 마음속 깊이 느끼는 일기일회(一期一會, 일생에 오직 한 번의 기회)의 소중한 인연을 맺게 되시기를 두 손 모아 기원 드립니다.

  그래서 필자는 이 책의 제목을 "독자들의 건강을 생각하면서 가장 최고의 쉼터로 안내하는 힐링 여행서"라는 의미를 담아 『파워 스팟 일본 여행』으로 정했습니다.

2024년 가을
오사카 스미요시 타이샤의
아름다운 소라바시(붉은 색 아치형 다리)에서

벽산(碧山) 정준 배상(拜上)

소라바시 앞에서 귀여운 손녀와 함께

첫 번째 파워 스팟 힐링 여행

간사이 국제공항에서 만난 무병장수의 상징, 츠루

1. '황홀한 지상 최대의 학 컬렉션'으로 변신한 오사카 간사이 국제공항

많은 사람들은 전 세계의 수많은 여행객들이 활발하게 오가는 국제도시 오사카를 '미식의 도시 & 쇼핑의 도시'라고 생각한다. 물론 간사이 지방 최대의 도시인 오사카는 '천하의 부엌'과 '먹다가 죽는 도시'라는 칭송을 들을 정도로 일본인과 외국인들에게 식도락의 도시로 대단히 높은 명성을 떨치고 있다.

그런데 오사카는 세계적인 엑스포의 도시이기도 하다. 역사적으로 오사카는 1970년에 '아시아 최초로 엑스포를 개최한 도시'이기 때문이다.

월드 엑스포의 역사는 1851년 런던 엑스포에서부터 시작되었다. 일본이 최초로 참가한 엑스포는 메이지 유신을 하기 1년 전인 1867년에 프랑스에서 개최한 파리 엑스포였다. 센 강변의 아름다운 녹색 광장인 상드마르스에서 개최된 파리 엑스포에서 '에도시대의 전통 가옥과 이색적인 정원이 환상적으로 꾸며진 일본 전시관'은 유럽인들의 이목을 단번에 사로잡았다.

일본 정부는 1867 파리 엑스포 참가를 통해 일본의 매력을 한껏 자랑

2025 오사카·간사이 엑스포 대형 홍보판

하면서 국가의 위상도 높게 올릴 수 있는 엑스포의 기능과 역할에 완전히 매료되었다. 사실 엑스포는 올림픽을 능가하는 국제적인 국가 홍보 이벤트의 큰 마당이다.

엑스포는 에디슨과 알렉산더 벨과 아인슈타인과 헨리 포드 같은 위대한 과학자와 발명가와 사업가들이 혼신의 힘을 다해 개발한 전화기·전등·엘리베이터·에스컬레이터·자동차뿐 아니라, 아이스크림·솜사탕·캐첩·피넛버터처럼 대중의 입맛을 유혹하는 새로운 식품과 스트립쇼·TV·아이맥스 영화 같이 대중에게 매혹적인 신세계를 체험시키는 지상 최대의 쇼가 열리는 멋진 축제장이다.

엑스포가 열리는 도시를 방문한 전 세계의 여행객들은 인간의 상상력이 빚어낸 평생 한 번 볼까 말까한 기상천외한 볼거리와 즐길거리에 탄복하고 환호했다.

일본 정부는 유럽과 아메리카에서 개최되는 엑스포에 지속적으로 참석했다. 그들은 엑스포 행사가 국가의 산업·과학·예술·건축·공예의 모든 역량을 세계 각국에서 온 관람객들에게 보여주는 '사상 최대의 파티'일 뿐 아니라 문화 외교·경제 외교·과학 외교의 산실이라는 사실을 절감했다.

드디어 일본은 1970년에 '아시아 최초의 엑스포'를 간사이 지방의 중심도시인 오사카에서 개최하기로 결정했다. '인류의 진보와 자유'라는 주제로 1970년 3월 14일~10월 13일까지 7개월 동안 오사카 북부의 센리 언덕에서 개최된 오사카 엑스포에는 77개국에서 국내외 관광객 6,422만 명이 참가하는 대성공을 이루었다. 오사카는 그때의 대성공을 다시 재현하기 위해 2025년 4월 13일~10월 13일까지 6개월 동안 사상 두 번째의 엑스포를 개최한다.

나는 코로나 팬데믹 이후 최초로 개최되는 〈2025 오사카·간사이 엑스포〉를 한국과 일본에 널리 알리고 또 이를 통해 한국인과 일본인들이 오랫동안 공유해 왔던 아주 특별한 건강문화를 새롭게 조명하기 위해 "2025 오사카·간사이 엑스포 홍보 한일 연예인 축구단" 한국 실행 위원장을 맡았다. 그리고 일본 J리그 세레스카 오사카 경기가 열리는 축구장에서 연예인 축구팀 FC 서울 스타즈 팀 소속의 연예인들과 일본 연예인 축구팀의 "2025 오사카·간사이 엑스포 홍보를 위한 한일 연예인 축구경기" 개최를 추진했다.

스포츠경향의 한일 연예인 축구 경기 보도

나는 한국에서 온 영화배우 박준규·탤런트 이광기·개

그맨 박성호·개그맨 문천식·아나운서 김현욱 등의 연예인들과 함께 오사카에서 숙박을 하면서 뜻깊은 "한일 연예인 축구경기"가 잘 실행될 수 있도록 최선을 다했다.

2025 오사카·간사이 엑스포 홍보 한일 연예인 축구단

또한 나는 '2025년이면 9살이 되는 손녀에게 2025 오사카 엑스포를 꼭 관람시켜 주고 싶다'는 버킷 리스트를 작사 작곡 한 노래 〈히루(HeeRoo)〉를 열창해 녹화한 뮤직비디오를 일본에 살고 있는 어린 손녀에게 선물로 보냈다.

그리고 2024년에는 세계적인 맛집의 도시로 명성 높은 오사카에서 성공한 일본인과 재일교포 기업가 21명의 기상천외한 성공 비결·불굴의 상인 혼·파격적인 기업가 정신을 독자들에게 제대로 알리기 위해 3년 동안 인터뷰 한 내용을 모아 『오사카 노포 기행』(청동거울, 2024)이란 제목의 책을 발간했다.

손녀에게 선물 한 노래 '히루'(HeeRoo)

내가 이처럼 〈2025 오사카 · 간사이 엑스포〉를 널리 알리기 위해 많은 노력을 기울이고 있는 가장 큰 이유는 오직 하나다. 그동안 전 세계인들은 코로나19로 엄청난 고통을 겪었다. 우리의 일상을 정지시키고 지구촌에 엄청난 피해를 입힌 '21세기의 흑사병' 코로나19였다. 2025년 엑스포는 3년 반이란 오랜 기간 동안 수많은 사람들의 생명과 건강을 빼앗은 참혹한 비극이 끝난 이후 최초로 열리는 셈이다. 특히 건강 · 의료 · 보건을 컨셉으로 하고 생명을 테마로 개최하는 엑스포라는 점에서 의미가 크다.

〈2025 오사카 · 간사이 엑스포〉의 메인 주제는 "생명이 빛나는 미래사회의 디자인(Designing Future Society for Our Lives)"이고, 서브 주제가 '생명을 구하고, 생명력을 강화하고, 생명을 연계한다'이다. 그래서 나는 동아시아 3국이 공유하고 있는 '무병장수의 상징'인 학(鶴, 천연기념물 202호)에 대한 본격적인 취재와 답사를 하기 위해 오사카 행을 계획했다.

2016년 연말. 오사카 간사이 국제공항에 도착한 나는 공항 로비에서 대단히 충격적인 광경을 보게 되었다. 오사카 간사이 국제공항 전체가 "황홀한 학(鶴)의 예술 작품 컬렉션"으로 거대한 변신을 한 것이 아닌가?

공항은 연말을 보내고 새해를 축하하는 송구영신(送舊迎新)의 의미를 가득 담은 백학의 품격 높은 예술품들로 가득했다. 환상적인 컬렉션으로 바뀐 공항 로비에서 최고의 압권은 새하얀 학의 모습과 초록색의 소나무가 한 몸을 이루고 있는 설치 예술 작품이었다.

간사이 국제공항에 설치된

간사이 국제공항에 전시된 학 설치 예술작품들

거대한 학 예술작품은 평생토록 한국과 일본을 오가며 동아시아의 학과 관련된 다양한 문화와 예술을 연구하는 작가로 살아온 나도 미처 예상하지 못한 놀라운 광경이었다.

"와우!"

중국에는 장수의 상징인 학과 소나무를 지칭하는 다음과 같은 문장이 있다.

송수천년 학수만년
(松壽千年 鶴壽萬年, 소나무는 천년을 살고 학은 만년을 산다)

이것은 동아시아인들의 학과 소나무의 장수와 관련된 깊은 철학을 표현하는 유명한 문장이다. 그런데 간사이 국제공항에서는 동아시아의 장수에 대한 철학적인 메시지인 '송수천년 학수만년'을 초록색의 솔잎이 무성한 소나무 가지와 새하얀 학이 마치 한 몸처럼 함께 붙어 있는 매혹적인 예술작품을 통해 극적으로 표현하고 있었다.

소나무와 종이학(오리가미)을 환상적으로 콜라보한 신선한 예술작품은 간사이 국제공항에 도착한 전 세계 여행자들로 하여금 감탄사를 연발하며 미처 시선을 떼지 못하게 하는 최고의 작품이었다.

게다가 간사이 국제공항

소나무와 종이학(오리가미) 작품

은 야간에 도착하는 관광객들에게도 무병장수의 상징인 학의 상서로운 기운을 한껏 느끼게 하기 위해 공항에서 지하철역으로 연결되는 각 다리 위에 분홍빛과 파란 빛을 내는 학 조명 작품들을 설치했다. 마치 화려한 깃털을 가진 학들이 밤하늘의 영롱한 별빛 사이를 무리 지어 날아가는 듯한 몽환적인 분위기를 연출하고 있었다.

 2017년 새해를 맞이하는 간사이 국제공항 전체가 '학을 컨셉으로 하는 아름다운 예술작품'으로 장식되어 있는 매혹적인 광경을 목격한 전 세계 관광객들의 입에서는 탄성이 연이어 터져나왔다.

 "와우! 너무 환상적이네요!"

 "아! 정말 대단하네요. 어쩌면, 이렇게 멋지죠!"

 간사이 국제 공항 전체를 '이 세상에서 가장 큰 학의 연하장'으로 대변신을 시킨 것은 정말 마법처럼 놀라운 연출이었다. 세계 각국에서 간사이 국제공항을 찾은 수많은 관광객들은 로비와 다리 곳곳에 화려하게 장식되어 있는 학 예술 작품들을 경이로운 시선으로 바라보면서 황홀경에 빠져들고 있었다.

간사이 국제공항 야간 학 설치예술

2. 무병장수의 꿈과 학의 상징성

오사카 간사이 국제공항이 연말을 맞이해서 이처럼 놀라운 학의 컬렉션 장소로 대변신을 시도한 까닭은 과연 무엇일까?

오사카 간사이 국제공항에서는 꿈과 희망이 가득한 새해를 가슴 벅차게 맞이하고 싶은 모든 여행자들에게 무슨 메시지를 선사하고 싶었던 것일까?

일본을 대표하는 오사카 간사이 국제공항의 화려한 학 이벤트의 배경에는 수천 년 전부터 동아시아 일대에 광범위하게 퍼져 있던 놀라운 학의 문화가 있었기 때문이다.

아직 종교가 탄생하기 이전인 아득한 고대.

역사의 여명기를 살고 있던 인류에게는 영적인 기운이 있는 특정한 장소나 동물이나 사람을 신성시하는 샤머니즘·애니미즘·토템이즘이 있었다.

다양한 원시신앙 속에는 신령한 새를 숭상하는 신조(神鳥) 토템이즘

설원에서 노래하는 백학 세 마리 (ⓒ홋카이도)

(Totemism)도 있다. 광대한 유라시아 대륙의 서쪽에 살고 있던 유럽인들은 맹금류인 독수리를 숭배한다.

그리스 신화에 등장하는 '신들의 왕'인 제우스의 상징이 하늘의 제왕인 독수리인 것만 봐도 새는 숭배의 대상이었다. 유럽 문명의 원류인 그리스 로마 신화에서 독수리를 숭상하는 신조 토템이즘 문화를 이어받은 로마 제국의 상징 역시 독수리였다.

로마제국에서 분화한 동로마 제국(비잔티움 제국)에서는 머리가 두 개인 쌍두 독수리를 상징으로 삼았고 이러한 전통은 러시아 정교회를 믿는 러시아 제국으로 이어졌다.

이러한 영향으로 인해 중세시대 유럽 귀족의 문장(紋章)에는 독수리가 많이 들어 있었고 독일은 '나라의 상징새'인 국조(國鳥)를 검독수리로 선정했다. 이러한 유럽의 신조 토템이즘은 바다 건너 미국으로도 전해져 흰머리 독수리(아메리칸 이글)가 미국의 국조로 전해지고 있다.

남미의 신조 토템이즘은 콘도르(Conder)이다. 고대부터 남미에 살던 원주민들은 위대한 사람이 죽으면 그 영혼이 콘도르로 환생한다는 신조 토템이즘을 갖고 있었다. 그래서 6천 미터가 넘는 고봉들이 흰 눈을 머리에 쓴 채 웅장한 풍광을 만드는 안데스 산맥에는 고대 잉카인들이 콘도르의 형상을 닮은 봉우리를 가진 산을 '콘도리리산'이라고 부르며 대단히 신성시했다.

20세기 최고의 전설적인 포크 듀오였던 사이먼(Simon)과 가펑클(Garfunkel)의 노래 〈엘 콘도르 파사〉(El Conder Pasa)〉도 안데스 산맥 위를 유유히 비행하는 신성한 남미의 새인 콘도르의 신화를 배경으로 만든 노래다.

그런데 유라시아 대륙의 동쪽에 살고 있는 동아시아인들은 유럽인들과는 매우 다른 독특한 신조 토템이즘 갖고 있었다. 그것은 바로 백학(白鶴)을 숭상하는 토템이즘이었다!

그 이유는 무엇일까?

그것은 한국·일본·중국을 포함하는 동아시아 일대에는 아득한 옛날부터 동양의 노장사상(老莊思想)에 나오는 이상향(理想鄕)을 추구하는 고유한 '신선문화'가 광범위하게 퍼져 있었기 때문이다.

고대의 전설에 의하면 학은 신선(神仙)이 타는 유일한 새였고, 또 학 자체가 신선과 동격으로 존귀한 대우를 받는 신성한 새였다. 그래서 동아시아 3국인 한국·일본·중국에서는 학을 무병장수(無病長壽)와 불로회춘(不老回春)이란 기쁜 소식을 인간세상에 전해주는 하늘의 전령(傳令)이라 부르며 높이 숭상했다. 그것은 마치 기독교인들이 '하나님의 뜻을 인간에게 전하는 미카엘 천사를 바라보는 것'과 같은 특별한 의미였다.

동서고금을 막론하고 인간이라면 누구나 '병 없이 오래 사는 것'을 희구하지 않을까. 게다가 다시 젊어지고 늙지 않을 수 있다면……. 그래서 동아시아에서는 건강하게 장수하는 노인을 '학 같은 신선'이란 의미를 가진 학선(鶴仙)이라 불렀고 인간이 무병장수를 누리면서 평화롭게 사는 파라다이스를 '푸른 학이 날아오는 동네'라는 의미를 가진 청학동(靑鶴洞)이라고 불렀다.

하늘로 비상하는 학 그림 연하장

중국에는 학이 장수의 상징임을 나타내는 다음과 같은 글이 전해진다.

백학(白鶴)이 천 년을 살면 청학(靑鶴)이 되고 청학이 천 년을 살면 황학(黃鶴)이 된다.

인류의 가장 큰 소원인 무병장수를 염원한 동아시아인들은 늙거나 죽지 않는 신비로운 10가지 자연과 동식물을 십장생(十長生)이라 했다. 바로 태양, 구름, 산, 물, 바위, 소나무, 불로초, 사슴, 거북과 함께 하늘을 나는 조류의 대표로 유일하게 백학(白鶴)을 일컫는다.

이처럼 학은 새해를 맞이하는 사람들에게 무병장수의 좋은 기운을 나누어 주는 하늘의 길조(吉鳥)라는 중요한 의미를 갖고 있기 때문에 동아시아인들은 매년 연말이 오면 학의 그림이나 학의 사진이 인쇄된 연하장을 보내는 오랜 전통을 갖고 있었다.

또한 오카야마의 고라쿠엔에서는 매년 연초에 무병장수의 상징인 학

일본 신사에 걸린 센바츠루

의 상서로운 기운과 행운을 많은 사람들에게 전하는 아주 특별한 의식을 치룬다. 그것은 고라쿠엔에서 키우는 세 쌍의 학을 하늘로 자유롭게 날리는 대단히 특별한 신년 학 이벤트이다.

그리고 병상에 오랫동안 누워 있는 환자에게 '종이 학 천마리를 선물하면 완쾌된다'는 치유의 문화가 생겼고, 일본의 신사에 가면 천 마리의 종이학을 실에 꿰어 늘어 뜨리는 센바츠루 문화가 있다.

이처럼 건강한 육체와 고결한 정신의 상징인 학을 항상 자신의 곁에 두고 학이 갖고 있는 좋은 에너지를 지속적으로 느끼고 싶었던 수많은 사람들의 소망을 충족시키기 위해 학을 모티프로 하는 매우 다양한 예술작품과 생활용품들이 만들어지기 시작했다.

그래서 일본의 솜씨 좋은 장인들은 전통의상인 기모노에 길상(吉祥)의 문양인 학을 아름답게 수놓았고, 한국의 바느질 잘하는 장인들도 한복의 긴 치마에 학의 고운 자태를 정성껏 수놓았다.

이러한 전통은 현대 패션의 최첨단을 달리는 일본의 디자이너들에게

학 문양의 기모노

학 문양의 한복 치마

유미 카추라(Yumi Katsura)의 '백학 롱 드레스'

도 많은 영감을 주었고 도쿄의 유명디자이너인 유미 카추라(Yumi Katsura)는 파리 컬렉션에서 일본의 학을 테마로 하는 롱 드레스를 발표하여 수많은 파리지엔(Parisienne)들을 매혹시켰다.

또한 일본에서 학을 테마로 하는 고급 가방도 상품으로 만들어져 많은 사람들의 호평을 받고 있다.

그리고 집 안에서도 학의 길상(吉祥)의 기운을 받고 싶었던 사람들은 음식을 담는 그릇과 접시 같은 일상용품에도 학을 그렸다.

또한 고급스러운 도자기에도 '운학문'(雲鶴紋, 학이 구름 속을 나는 모습)과 '송학문'(松鶴紋, 학이 소나무 옆에 있는 모습)을 그렸고 학과 소나무를 그린 일본 전통 목각인형인 고키에도 제작되었다. 그리고 무병장수를 상징하는 학의 운기생동(運氣生動)하는 기운을 받기 위해 아름다운 '백학도'(白鶴圖)와

▲▲▲학 모양의 접시
▲▲운학문 도자기
▶▲송학문 꽃병
▶송학문 고키에

'송학도'(松鶴圖)를 벽에 걸었다.

그뿐 아니라 일본 천황과 관련된 업무를 집행하는 도쿄의 궁내청에도 백학도가 걸려 있고 서울에 있는 5대 왕궁 중에서 유일하게 유네스코에 등재된 왕궁인 창덕궁에도 아름답고 고귀한 학의 그림이 걸려 있다.

이처럼 인간의 오랜 염원인 무병장수를 넘어 중국의 진시왕처럼 불로장생(不老長生)을 꿈꾸었던 동아시아인들은 자신의 일상 생활 속에서 '무병장수를 기원하는 신선문화의 상징'인 학의 기운을 영혼 깊숙이 느끼기 위해 자신의 집 안을 온통 학을 테마로 하는 예술 전시장으로 만들었다.

서울 창덕궁의 백학도(白鶴圖, 문화재 243호, 이당 김은호 작품)

 게다가 K-POP의 수도인 서울 청담동에 가면 학(鶴)을 소재로 한 명품 건물까지 세워질 정도이다. 글로벌 명품기업인 루이비통에서 서울의 유명한 명품거리인 청담동 한복판에 학춤에서 영감을 얻은 건물을 지은 것이다. 바로 〈루이비통 메종 서울〉 건물이다.

〈루이비통 메종 서울〉의 설계자는 '건축계의 노벨상'인 프리츠커상을 받은 세계적인 건축가인 프랭크 게리(91세)이다. 미국 로스앤젤레스 월트 디즈니 콘서트 홀과 프랑스 파리 루이비통

◀나전칠기 찬합
▼나전칠기 보석함

서울 청담동의 〈루이비통 메종〉 서울 본사

재단 미술관의 설계자로 유명한 그는 투명한 곡면 유리가 마치 백학(白鶴)의 날개처럼 공중으로 날렵하게 치솟는 형상의 이색적인 건물을 K-POP의 본고장인 서울 청담동에 세웠다.

3. 1700년 전에 건설된 '일본에서 가장 오래된 학의 다리' 유적지

오사카 간사이 국제공항에서 특급열차인 라피도에 승차한 나는 30여 분 후에 오사카 미나미의 도심인 난바에 도착했다. 난바는 전 세계에서 온 관광객들로 그야말로 불야성을 이루고 있었다.

나는 그곳에서 숙소가 있는 이쿠노구의 코리아 타운으로 이동하기 위해 지하철역으로 들어갔다. 코리아 타운은 이쿠노 구의 츠루하시 역과 모모다니 역 사이에 있다. 그래서 어느 역에 내려도 코리아 타운으로 가기에는 아무런 지장이 없다.

그런데 나는 왠지 츠루하시 역으로 가고 싶은 마음이 들었다. '츠루'는 학(鶴)을 의미하고 '하시'는 다리(橋)를 의미하기 때문이다. 오랫동안 학의 문화와 철학에 대해 연구하고 글을 쓰는 작가로 살아온 나는 역의 지명에 츠루라는 글자가 들어 있는 것이 범상치 않게 느껴졌다.

츠루하시(학 다리) 전철역

나는 하시(橋)라는 글자가 있는 것을 보고는 '아! 코리아 타운 인근에 학(鶴)과 관련된 다리가 존재하겠구나'라는 예감이 직관적으로 들었다.

10여 분 후. 츠루하시 역에 내린 나는 또 한 번 가슴이 설레는 광경을 목격했다. 츠루하시 역과 붙어 있는 일본 재래시장의 명칭이 츠루하시 시장이고 또 미로처럼 얽혀 있는 시장 골목 곳곳에 이색적인 학 그림들이 그려져 있는 게 아닌가?

츠루하시 시장 홍보판

이쿠노 구는 '학을 사랑하는 백의민족'의 후손이라고 자부하는 재일 한국인들이 가장 많이 모여 사는 곳이고 또 츠루하시 시장과 오사카 코리아 타운은 재일 한국인 상인들이 가장 많이 장사를 하는 곳이다. 그런 곳에 츠루하시(鶴橋, 학 다리)라는 지명이 있고 학과 관련된 전철역·시장·학 그림들이 있다니.

"아, 이곳은 분명히 학과 관련된 깊은 스토리가 있는 유서깊은 동네 일 거야."

그날 밤. 오사카 코리아 타운의 입구에 있는 K-POP 아이돌 숙소에 짐을 내려놓은 나는 밤이 이슥해질 때까지 잠을 제대로 못 이룰 정도로 무척 흥분되어 있었다.

다음 날 아침. 일찍 잠이 깬 나는 일본에 30년째 살고 있는 재일 교포인 박상준 크리에이터 팜 대표의 도움으로 오사카 지도와 역사책을 들고 이쿠노 구 일대에 반드시 있을 것으로 예상되는 '츠루하시'의 유래에 대해 면밀히 조사하기 시작했다.

간사이 지방의 중심 항구인 오사카의 특징을 나타내는 것으로 '나니와

츠루하시 시장

의 808 다리'라는 별칭이 있다.

'나니와'는 오사카의 옛 명칭이다. 한문으로는 난바(難波)와 같은 글자를 쓰는데, '험난한 파도'라는 뜻을 갖고 있다. 원래 오사카는 북쪽인 교토 쪽에서 흘러온 강과 하천들이 바다로 흘러 들어가는 하구에 습지와 들판이 드넓게 펼쳐 있던 곳이다.

오사카를 새로운 도시로 개발하고 매립하는 과정에서 습지 사이를 흐르는 강의 지류 사이를 연결하는 다리들을 많이 건설해야 했다. 그래서 오사카는 강과 하천과 운하가 많은 '물의 도시'가 되었고, 또 '808개나 되는 다리를 건설할 정도로 다리가 많다'는 의미에서 '나니와의 808 다리'라는 표현이 생긴 것이다!

오사카는 고대부터 여러 개의 강줄기가 오사카 만으로 천천히 흘러 드는 강 하구의 낮은 습지 지역이었기 때문에 학들이 많이 날아왔다. 일본의 고대 역사서에 의하면 제16대 닌토쿠 천황이 홍수를 일으키는 어지러운 강줄기를 바로잡고 식량을 증산하는 농토를 넓히는 '일본 최초의 치산치수(治山治水) 공사'를 했다고 한다.

일본의 고대 역사서인 『고지키(古事記)』의 기록에 의하면 서기 323년에 제16대 닌토쿠 천황이 히라노 강 주변의 물길을 바꾸는 '일본 최초의 대규모 수리공사'를 한 곳이 바로 이쿠노 구였다. 그 당시 이쿠노 구 일대는 야생 멧돼지들이 많이 사는 넓은 들판이 펼쳐져 있었기 때문에 그곳을 이카이노(猪飼野)라고 불렀다.

닌토쿠 천황은 이카이노의 드넓은 벌판을 흐르는 히라노 강 주변의 물길을 정비하면서 '일본 최초의 목조다리'를 건설했다. 그런데 닌토쿠 천황이 히라노 강변에 '일본 최초의 목조다리'를 건설한 후, 오사카의 습지에 살던 수많은 학들이 갑자기 다리 주변으로 무리를 지어 날아오기 시작하는 게 아닌가?

고대부터 우아하고 고귀한 무병장수의 길조(吉鳥)로 알려진 학들이 무리 지어 다리 주변으로 날아와 머무는 광경을 목격한 마을 사람들은 그

오사카로 날아오는 학을 그린 그림

때부터 그 다리의 이름을 '츠루노하시'라고 부르게 되었다.

그후 1,700년의 세월이 흐르면서 목조다리는 석조다리가 되었고 또 그 일대가 대규모로 매립되면서 석조다리마저 흔적도 없이 사라졌다. 그런데 놀랍게도 일본의 고대 역사서에 나올 정도로 유서깊은 '일본 최초의 목조다리인 츠루노하시'를 기념하는 비석이 코리아 타운에서 모모다니 역으로 가는 뒷골목에 세워져 있는 게 아닌가?

일본의 첫 번째 파워 스팟인 '1,700년 전에 이카이노(猪飼野)의 강변에 세워졌던 츠루노하시'(학의 다리)는 영구히 사라지고 없어졌지만 그 명칭은 이쿠노 구에서 츠루하시(학 다리)로 다시 부활한 것이다.

사뭇 흥분된 마음을 가까스로 억누르며 이쿠노 구 일대의 좁은 골목길을 샅샅이 뒤지던 나는 이쿠노 구에 '츠루하시 역'과 '츠루하시 시장'뿐 아니라 '츠루하시 우체국', '츠루하시 소학교', '오사카 시립 츠루하시 중학교'라는 명칭을 가진 공공건물들이 여러 개 존재하고 있다는 사실도 알게 되었다.

오사카 시립 츠루하시 중학교의 1층 로비에서 이러한 역사적 의미를

◀ 1,700년 전 츠루노하시의 유적지
▲ 오사카 시립 츠루하시 중학교의 1층 로비의 대형 학 그림

상기시켜 주는 대형 학 그림이 걸려 있는 것을 본 나는 그만 가슴이 뭉클해졌다.

내가 알게 된 또 하나의 흥미로운 사실이 있다. 그것은 '학의 다리'(츠루노하시)를 일본 최초로 건설한 닌토쿠 천황의 스승이 한반도의 해양왕국이었던 백제에서 온 학자 왕인(王仁)이라는 것이다.

일본 제15대 응신 천황의 요청에 의해 백제에서 파견된 왕인 박사는 응신 천황의 왕자를 가르치는 스승이 되었는데 그 왕자가 일본의 제16대 닌토쿠 천황에 즉위하게 되었다. 이에 왕인 박사는 사랑하는 제자의 천황 즉위를 축하하는 시를 짓게 되었는데 그 시의 제목은 '나니와즈 노우타(나니와즈 나루터의 노래)'였다.

그런데 '나니와즈 노우타'라는 제목의 시(詩)를 한글과 일본어로 새긴 커다란 비석이 코리아 타운 입구의 미유키모리 신사 안에 세워져 있는 게 아닌가? 내가 오사카에서 묵고 있는 숙소 건물 바로 앞에 미유키 모리 신사가 있어서 쉽게 발견할 수 있었다.

미유키 모리 신사

신사 안으로 천천히 들어가니 거북이 모양의 돌 받침 위에 세워진 대형 자연석에 왕인 박사가 지은 시(詩)가 한글과 일본어로 나란히 새겨져 있었다.

왕인 박사의 시비

나니와즈에 피는구나.

이 꽃은.

겨울잠 자고.

지금은 봄이라고 피는구나.

나는 왕인 박사가 지은 '나니와즈 나루터의 노래'를 천천히 암송했다. 이 노래는 일본 최초의 와카(和歌)가 되었다.

그리고 그 비석의 건너편에 이쿠노구의 히라노 강변에 세워졌던 '츠루노하시'의 역사적 유래에 대해 자세히 설명한 자료들이 전시되어 있다.

며칠 후.

나와 만난 일본인 역사학자의 설명에 의하면 그 당시 오사카에는 '백제인들이 집단으로 거주하는 마을들이 있었다'고 했다. 그래서 1,700년이란 유구한 세월이 지난 지금도 '백제'라는 명칭이 오사카 여러 곳에 남아 있다고 했다.

일본에서는 백제를 '구다라'라고 부르는데 이쿠노 구에 흐르는 '히라노 강'은 한때 '구다라 강'으로 불렸고 기차역인 '구다라 화물역'과 '구다라 신사'와 '미나미 구다라 소학교'(남백제 소학교)라는 명칭이 아직도 존재하고 있었다.

코리아 타운 옆을 흐르는 히라노 강

창립 150주년을 현수막이 걸린 오사카 시립 남백제 소학교

나는 사뭇 떨리는 가슴을 안고 1,700년 전 구다라(백제)의 명칭을 쓰고 있는 '미나미 구다라 소학교'(남백제 소학교)와 '구다라 화물역'을 찾아가 보았다.

게다가 일본인 역사학자는 옛날에는 이쿠노 구 일대에 백제인들이 집단으로 모여 사는 '구다라 군'이 있었고 오사카 남쪽 도시인 사카이 시에도 '구다라 마을'이 존재했다고 했다.

그리고 이쿠노 구 북쪽으로 올라가니

구다라 화물역

◀츠루미 공원
▲츠루가오카 역

츠루미 구(鶴見区)가 있었다. 그곳에는 오사카 최대의 녹지공원인 츠루미(鶴見) 공원이 있는데 1990년에 오사카 꽃 박람회를 개최한 곳이기도 하다. 또한 오사카 남쪽에는 츠루가오카(鶴ヶ丘) 역이 있고 인근에 큰 공원도 있었다.

오사카는 츠루라는 지명이 여러 곳에 남아 있을 정도로 옛날부터 학들이 무리 지어 날아오는 무병장수의 기운이 충만한 길지(吉地)였고 백학의 흥미로운 스토리가 전해오는 문화와 예술과 힐링의 도시였던 것이다. 게다가 1,700년 전에 '일본 최초의 츠루노하시(학의 다리)'가 세워졌던 이쿠노 구의 히라노 강변에 백의 민족의 후손인 한국인들이 가장 많이 모여 사는 오사카 최대의 코리아 타운이 자랑스럽게 서 있다.

4. 노자와 장자를 매혹시킨 신선의 새

중국 춘추 전국 시대의 위대한 철학자였던 노자(老子)와 장자(莊子)의 가르침을 열심히 따르던 노장사상가(老壯思想家)들은 기독교·불교·유교처럼 사후(死後)의 세계(世界)에 대해 이야기를 하는 것이 아니라 '현재 살아 있는 순간'에 집중하는 삶의 철학을 갖고 있었다. 즉 그들은 종교인들이 저승에 존재한다고 말하는 천당과 지옥이나 극락과 지옥이 아니라 '이승의 삶'에 깊은 관심을 갖고 있었다.

그래서 많은 노장사상가들은 '현생에서 어떻게 하면 행복하게 잘 살 수 있을까?'에 대한 지혜를 구하는 연구를 열심히 했다.

그렇기 때문에 노장사상가들은 '심신(心身)의 건강'을 대단히 중요하게 생각했다. 건강이야말로 행복한 인생을 위한 가장 굳건한 기초이기 때문이다. 다음의 명언처럼 건강이 무너지면 인생의 모든 것이 함께 무너져 내린다.

> 돈을 잃은 것은 조금 잃는 것이요.
> 명예를 잃은 것은 많이 잃는 것이요.
> 건강을 잃은 것은 모든 것을 잃는 것이다.

그렇기 때문에 동아시아 고유의 신선문화인 무병장수를 염원했던 노장사상가들은 이러한 건강의 명언을 금과옥조(金科玉條)처럼 여겼다. 그래서 그들은 심신의 건강을 지키는 신비의 운동인 '도인 양생술(導引養生術)'을 열심히 수련했다.

그런데 이처럼 기록으로 전해지던 도인 양생술에 관한 내용을 좀 더 자세히 알 수 있는 역사적으로 중요한 기회가 생겼다. 바로 1972년, 중국 호남성의 고대 역사 도시인 장사시에서 옛날의 거대한 고분(古墳)인 마왕퇴에서 귀한 자료가 발굴된 것이다.

이 자료들은 고고학계에 대단한 충격을 안겨주었다. 10세기 중반인 한(漢)나라 초기에 그 지역을 다스렸던 마은(馬殷)의 거대한 고분 3기 속에 파묻혀 깊은 침묵 속에서 잠들어 있던 엄청난 분량의 퀘퀘묵은 자료들

홋카이도의 눈 밭에서 구애의 춤을 추는 백학(白鶴) 한 쌍
(ⓒ홋카이도)

때문이다. 바로 중국의 국보급 고서인 노자의 '도덕경(道德經)'과 함께 수많은 두루마리들이 출토되었기 때문이다.

무려 천여 년 동안 고분 속에 방치되어 있던 고대 두루마기들 속에는 놀랍게도 노장사상가들이 건강을 지키기 위해 곰이나 호랑이 같은 야생 동물들의 동작을 바탕으로 수련하는 모습이 수백 점의 그림에 생생하게 그려져 있는 게 아닌가.

주윤발과 양자경이 주인공으로 등장하는 유명한 무협영화인 〈와호장룡〉에는 중국의 영험한 명산인 무당산이 나온다. 무당산은 중국의 황제가 와서 하늘에 제사를 지낼 정도로 대단히 장엄한 기운을 갖고 있는 산이다.

그런데 바로 그 산에서 중국 특유의 무술이 탄생했다. 그 당시 중국에는 전설적인 무술의 고수인 장삼풍이 있었다. 장삼풍은 인도의 달마대사가 면벽 수행을 했던 숭산의 소림사를 떠나 무당산으로 들어가서 수련을 계속했다.

그러던 어느 날. 그는 학과 커다란 뱀이 서로 사투를 벌이는 모습을 우연히 목격하게 되었다. 장삼풍은 그 날 새하얀 학과 청록색의 뱀이 서로 목숨을 걸고 결투를 벌이는 광경에서 새로운 깨달음을 얻게 되었고 그는 전혀 새로운 무술을 창안하게 된다.

그것이 바로 '태극권(太極拳)'이다.

장삼풍이 창시한 신비로운 무술인 태극권의 동작 속에는 학의 다양한 동작과 뱀의 동작들이 함께 들어 있다.

그런데 마왕퇴의 옛 무덤 속에서 출토된 고대 두루마리들을 살펴보니 이미 천여

오카야마시에서 정준 작가의 태극권 시범

년 전부터 노장사상을 추구했던 고대의 노장사상가들이 태극권처럼 야생동물의 다양한 움직임을 본뜬 특별한 심신 수련법을 수련하고 있었다는 사실이 밝혀진 것이다.

고대 동아시아의 신조(神鳥) 토템의 대상은 '무병장수의 심볼'인 학이었기 때문에 이러한 신선문화를 선호했던 노장사상가들은 학의 다양한 동작들이 포함되어 있는 태극권을 무척 좋아했다.

5. 오사카시 이쿠노 구의 여성 구청장

나는 1,700년 전에 '일본 최초의 학의 다리'가 건설된 유서 깊은 역사를 갖고 있는 오사카 시 이쿠노 구에서 동아시아 고유의 학의 건강 문화

와 철학을 알리는 일을 본격적으로 진행하기로 결심했다. 그래서 오사카에 살고 있는 재일 한국인과 일본인들이 함께 공감할 수 있는 음악 이벤트인 〈제1회 한일 츠루 가요제〉를 여는 것이 가장 좋겠다는 생각을 하게 되었다.

그것은 고대부터 한일 두 나라 국민들이 '무병장수의 상징'으로 경이롭게 생각했던 학의 격조 높은 예술과 다양한 문화가 오사카에 존재하고 있다는 사실을 널리 알리기 위해서는 무엇보다도 사람들의 이목을 단번에 집중시킨 '오사카 간사이 국제공항의 신년 학 설치 예술작품' 같은 대형 이벤트가 필요하다는 생각이 강하게 들었기 때문이었다.

나는 이러한 한일 화합의 문화 이벤트를 성공적으로 개최하기 위해서는 일본 최초의 츠루노 하시 유적지를 잘 보존하고 있는 이쿠노 구청의 협조가 절대적으로 필요하다고 생각했다.

오랫동안 심사숙고를 한 나는 오사카에서 K-POP과 관련된 다양한 문화 사업을 활발하게 펼치고 있는 크리에이터 팜의 박상준 대표를 통해 이쿠노 구청장 면담을 신청했다!

2주 후. 나는 이쿠노 구 출신의 재일 교포 가수인 이영보 씨와 일본에서 30년째 살고 있는 재일 교포인 크리에이터 팜의 박상준 대표와 함께 이쿠노 구청장을 면담하게 되었다.

우리가 공무원들의 안내를 받으며 들어간 곳은 2층에 있는 이쿠노 구청 회의실이었다. 이쿠노 구청 회의실의 탁자에 앉아 녹차를 마시며 잠시 환담을 나누고 있는데 문이 활짝 열리면서 이쿠노 구의 여성 구청장이 부구청장을 비롯한 실무 과장들을 대동하고 들어오는 게 아닌가. 자리에서 일어난 우리들은 서로 반갑게 인사를 하고 명함을 교환했다.

그날 회의의 안건은 이쿠노 구청의 〈제1회 한일 츠루 가요제〉 후원에 관한 내용이었다.

"구청장님께서 잘 알고 계시다시피 이 지역은 일본 내에서 최다 인원의 재일 한국인들이 살고 있는 대단히 특별한 곳입니다. 또 최근에는 한류 열풍이 불면서 일본 전역에서 코리아 타운이 있는 이쿠노 구를 방문하는 일본인뿐 아니라 외국인들도 급증하고 있는 상황입니다.

그래서 저는 이쿠노 구의 관광명소인 코리아 타운을 국내외에 널리 알리고 또 한일 문화 교류와 화합에 기여하기 위해 '한일 츠루 가요제'를 개최할 계획을 K-POP 기획사인 크리에이터 팜을 운영하고 있는 박상준 대표와 함께 준

제1회 한일 츠루(학) 가요제 포스터

비하고 있습니다. 이번 행사를 이쿠노 구청에서 공식 후원해 주시고 또 구청장님께서 축사도 해 주실 것을 정중하게 요청 드립니다."

그러자 교육자 출신의 여성 구청장이 입가에 옅은 미소를 지으면서 질문을 던진다.

"서울에서 오신 작가님께서 한일 문화 교류와 발전에 이처럼 깊은 관심을 가져 주셔서 대단히 감사합니다. 그런데 유독 츠루를 테마로 하는 음악 행사를 이쿠노 구에서 개최하려고 하는 이유에 대해서 좀 더 자세한 설명해 주실 수 있겠습니까?"

옆에 동석한 부구청장과 공무원들의 시선이 일제히 나를 향했다.

구청장의 질문을 들은 나는 서류 가방 속에서 사진 한 장을 조심스럽게 꺼냈다. 그 사진은 오사카 성의 천수각 지붕에 새겨져 있는 '황금색

오사카 성 천수각 지붕에 그려져 있는 '황금 학'

학 사진'이었다.

"물론 구청장님께서 교육자 출신이기 때문에 저보다 훨씬 더 잘 알고 계실 것이라고 믿습니다만 오사카는 아주 오래 전부터 습지와 강이 많은 '물의 도시'였고 '학이 무척 많이 날아오는 생태도시'였지 않습니까? 그 중에서도 히라노 강이 흐르던 이쿠노 구 일대는 학이 가장 많이 날아오는 지역이었고…… 특히 서기 323년에 닌토쿠 천왕이 건설한 '츠루노하시'는 일본에서 가장 오래된 역사서인 고지키(古事記)에도 나오는 1,700년 전에 지어진 '일본 최초의 목조다리'였지 않습니까?

그런데 이쿠노 구에 가장 많이 살고 있는 한국인들은 '백의민족'이라는 별칭을 갖고 있는데 '백의 민족'의 상징이 바로 학입니다. 그래서 한국인은 학을 대단히 사랑하는 민족입니다.

이런 이유 때문에 저는 무병장수의 상징인 학에 대해 동일한 문화를 공유하고 있는 한일 두 나라 국민들이 함께 즐길 수 있는 문화행사로 〈학을 테마로 하는 음악행사〉를 개최하려고 하는 겁니다."

그러자 옆에 동석한 부구청장이 관심을 보이기 시작한다.

"그러면 어떤 프로그램이 준비되고 있습니까?"

"네, 이번 프로그램에는 한국 가수들, 이쿠노구 출신의 재일 교포 가수인 이영보 씨, 도쿄에서 활동하는 일본 가수인 가요코 유자와 양 등이 함께 참여해서 양 국민의 친선과 우호의 정신을 많은 분들에게 알릴 예정입니다.

2020 도쿄 올림픽 축하 음반

이번 '한일 츠루 가요제'에서는 2018 평창 동계올림픽을 성공적으로 개최하는 한국인들과 2020 도쿄 올림픽을 개최하는 일본인들이 서로 응원하고 축하하는 따뜻한 마음을 전하기 위해 제가 작사한 〈2020 도쿄 올림픽 축하 음반〉에 수록된 한국어와 일본어로 녹음한 14곡을 공연할 계획입니다!"

"아니! 한국과 재일 한국인 뮤지션들이 함께 '2020 도쿄 올림픽 축하 음반'을 만들었다고요?"

이쿠노의 구청장을 비롯해 그 자리에 동석한 이쿠노 구청의 공무원들이 깜짝 놀라는 표정을 지었다. 그때 나는 소장용으로 2,020개만 특별 제작한 〈2020 도쿄 올림픽 축하 음반〉을 책상 위에 천천히 올려놓았다.

그 음반에는 다음과 같은 문장이 적혀 있었다.

미소가 아름다운 일본인과 흥이 많은 한국인이 함께 부르는 우정의 노래

"와! 정말…… 대단하네요!"

"한국에서 2018 평창 동계올림픽이 끝나고 나서 2년 후인 2020년에는 도쿄 올림픽이, 또 그로부터 2년 후인 2022년에는 베이징 동계 올림픽이 릴레이로 열리지 않습니까? 그래서 저는 박상준 대표와 함께 한중일의 뮤지션들이 세 나라의 동계와 하계 올림픽을 함께 축하하는 아름다운 마음을 나누는 음반을 제작하기로 결정했습니다. 그래서 얼마 전에 2020 도쿄 올림픽과 2022 베이징 동계 올림픽을 응원하는 두 개의 소장용 음반에 수록된 모든 노래들을 작사했고 뮤직 비디오도 제가 직접 제작해서 유튜브 〈정준 작가〉(Juno JUNG)에 모두 올렸습니다."

"아! 정말 대단하시네요!"

이쿠노 구의 여성 구청장과 부구청장과 담당 공무원들은 선물로 받은 '2020 도쿄 올림픽 축하 음반'을 천천히 살펴보면서 탄성을 내질렀다.

재일교포 가수 이영보 씨

"도쿄 올림픽 축하 음반뿐 아니라 2022년에 열리는 베이징 동계올림픽을 축하하는 음반까지 만드셨다니! 정말 대단하시군요."

그러자 옆에 앉아 있는 크리에이터 팜의 박상준 대표가 설명을 하기 시작한다.

"네, 작가님께서는 한국과 일본을 오가면서 시를 쓰고 노래 작사와 여행책과 소설

도 쓰면서 다양한 문화 교류 활동도 하고 계십니다. 그래서 작가님은 최근에 제가 운영하고 있는 K-POP 기획사인 크리에이터 팜의 소속 작가가 되셨습니다."

"아, 그렇군요! 서울에 살고 계신 작가님께서 이렇게 뜨거운 열정을 갖고 한일 양국의 문화 교류를 위해 열심히 애쓰시는 것을 보니 참으로 감사한 마음이 듭니다."

이쿠노 구청장은 좌우에 앉은 부구청장과 담당 공무원들을 잠시 바라보더니 마음속에 결심을 한 듯 우리를 향해 환한 미소를 지어 보인다.

"작가님! 이쿠노 구청에서는 츠루하시와 깊은 관련이 있는 츠루를 테마로 하는 이번 음악 행사를 적극 후원하도록 하겠습니다. 그리고 그날 제가 개막식에 직접 참석해서 축사도 하겠습니다. 이처럼 한국과 일본 사이에 아름다운 노래의 가교를 놓는 아름다운 이야기는 저희 이쿠노 구민들에게도 적극적으로 알리도록 하겠습니다. 그러니 박상준 대표께서는 실무 담당 공무원들과 잘 협조해서 이번 행사를 멋진 음악 축제로 만들어 주시기 바랍니다."

회의를 시작한 지 불과 한 시간도 되지 않은 짧은 시간에 이쿠노 구청장이 적극적인 후원을 약속하자 박상준 대표와 이영보 가수가 오히려 무척 놀라는 표정을 지었다.

"네, 감사합니다! 그러면 보름 후에 이쿠노 구민회관에서 개최되는 '한일

오사카 이쿠노구청장과 회의를 끝낸 후 촬영한 기념사진

학가요제' 성공을 위해 열심히 준비하도록 하겠습니다."
"아니, 보름이라고요? 음악 행사를 그렇게 빨리 개최할 수 있나요?"
"한국 가수들과 재일 한국인 가수들과 일본 가수들이 이번 행사에 참여하기 위해 이미 준비를 하고 있습니다. 여기 계신 이쿠노 구 출신의 재일 교포 가수인 이영보 씨와 도쿄에 활동하고 있는 여가수인 가요코 유자와 양도 이미 출연 준비를 하고 있고요.
또 고베에서 '한류를 사랑하는 고베 어머니 모임'의 멋진 여성 사회자가 이번 행사에 오기로 약속되어 있습니다. 저희들은 당장 내일부터 오사카 시민들을 대상으로 '학을 테마로 한 한일 가요제' 홍보를 열심히 진행하겠습니다."

6. <제1회 한일 츠루 가요제> 홍보 퍼포먼스

다음 날, 우리는 '츠루하시'라는 유서깊은 명칭이 1,700년 동안 전해지고 있는 오사카 이쿠노 구에서 무병장수의 상징인 츠루에 대한 관심을 크게 불러 일으키는 문화행사인 <제1회 츠루 가요제>를 적극적으로 홍보하기 위해 대단히 독특한 이벤트를 기획했다. 그것은 커다란 백학을 연상시키는 학 탈을 머리에 쓰고 학 날개 옷을 입은 채 오사카의 주요 관광명소를 다니면서 이번 행사를 홍보하기로 한 것이다.
우리 일행이 홍보 이벤트를 하기 위해 처음으로 나간 곳은 오사카 남쪽인 미나미(南) 지역에서 관광객들이 가장 많이 몰리는 도톤보리였다.
오사카의 남쪽 관문인 난바와 호화로운 아케이트 거리인 신사이바시 사이에 있는 도톤보리는 길게 뻗은 운하 주변에 유명한 맛집과 카페와 술집들이 밀집해 있는 오사카 최대의 음식거리이다.
도톤보리에서도 가장 유명한 관광명소는 '글리코 상' 광고판이 세워져 있는 에비스 다리이다. 일명 '난바 다리'라고도 부르는 그곳은 뉴욕의 타임스퀘어처럼 화려한 네온사인 광고들이 현란하게 번쩍이는 오사카의 유명한 포토 존이다. 특히 일본 굴지의 대형 제과회사인 에자키 글리코 주식회사에서 설치한 광고판인 '글리코 상' 앞은 오사카 최고의 포토 존으로 명성이 자자하다.

1935년에 설치한 이 광고판은 에자키 글리코의 홍보맨인 '글리코 상'이 오사카의 관광명소인 오사카 성, 츠텐가쿠, 가이유칸 등을 한 바퀴 돌아 도톤보리로 되돌아오는 달리기 장면으로 구성되어 있다.

오사카를 찾아온 관광객들은 에비스 다리 위에 서서 글리코 상처럼 한쪽 다리를 들고 달리는 특별한 포즈의 사진을 찍는 것을 대단히 재미있는 놀이문화로 여기고 있다. 그날도 도톤보리의 에비스 다리 위에는 '글리코 상'을 배경으로 한 쪽 다리를 들고 인증샷을 찍는 관광객들로 가득 차 있었다.

나는 서울에서 가져간 학 의상을 그곳에서 갈아입었다. 그 의상은 조선시대에 경복궁에서 왕실의 안녕과 나라의 태평성대를 기원하기 위해 임금님 앞에서 궁중무용인 '궁중학무'를 공연할 때 입던 전통 무용 의상이었다.

잠시 후, 나는 한 마리의 학으로 변신했다.

"와, 멀리서 보면 진짜 학인 줄 착각하겠어요!"

"오늘은 내가 학이 되어서 '한일 학가요제'를 열심히 홍보해야죠."

그날, 한 마리의 학으로

정준 작가의 〈제1회 한일 츠루 가요제〉 홍보 퍼포먼스

변신한 나는 도톤보리, 난바, 신사이바시, 신세카이, 우메다, 오사카 성, 스미요시 타이샤 같은 오사카의 주요 관광명소를 순회하면서 오사카 시민들과 기념사진도 찍어주고, 프리허그도 하고, 또 온몸에 땀방울이 줄줄 흐를 때까지 학춤도 추면서 〈제1회 한일 츠루 가요제〉를 최선을 다해 열심히 홍보했다.

며칠 후, 우리는 오사카에서 네덜란드 출신의 '평화의 종이 학 접기 아티스트'인 만나 오리(Manna Ori) 씨를 만났다. 만나 오리 씨는 16세에 네덜란드에 핵 무기 확산 반대 시위에 참여한 이후 2007년부터 '평화의 종이 학 접기운동'을 네덜란드와 일본에서 활발하게 벌이는 종이 학 접기 아티스트이다.

만나 오리 씨는 2017년에 흰색 종이로 접은 '1,000마리의 종이학(센바츠루)'을 원폭의 도시인 나가사키 시장에게 전달했다. 그리고 2015년에는 붉은 색종이로 접은 '1,000마리의 종이학'을 또 다른 원폭의 도시인 히로시마 시장에게 전달했고 자신이 저술한 책 『평화를 꿈꾸며』의 출판 기념회를 오사카에서 개최했다.

그리고 2014년에 네덜란드 국왕이 일본을 방문했을 때 그 행사에 특별 초청을 받아 '평화의 종이 학 접기운동'에 대한 보고를 하기도 했고 또 2019년에는 오사카에서 자신이 만든 화려한 오리가미 작품들로 〈평화와 용기를 주는 마법의 보석상자〉 전시회

만나 오리 씨의 오리가미 작품들

를 개최한 대단히 유명한 예술가였다.

그래서 나와 박상준 대표는 만나 오리 씨를 함께 만나서 〈제1회 한일 츠루 가요제〉에 대한 심도 깊은 대화를 나누었다. 결국 만나 오리 씨는 학이 갖고 있는 평화와 장수의 이미지를 좀 더 많은 사람들에게 널리 알리기 위해 〈제1회 한일 츠루 가요제〉의 부대행사로 자신이 제작한 오리가미(종이학) 작품들로 '평화의 오리가미 전시회'를 함께 하기로 의기투합했다.

또한 우리는 '학 그림을 그리는 어머니 모임' 회원들도 만나서 가요제의 부대행사로 '학 그림 전시회'를 함께 진행하기로 결정했다.

다음 날에 나는 박상준 대표의 소개로 고베 시로 이동해서 '한류를 사랑하는 고베 어머니 모임'의 대표와 만났다. '한류를 사랑하는 고베 어머니 모임' 회장은 이번 가요제에 회원들과 함께 적극 참여하기로 약속했고 특히 그 모임에서 핵심적인 활동을 하는 젊은 여성이 사회자로 봉사하기로 약속을 했다.

이렇게 해서 많은 일본인과 재일 교포들의 우호적인 협조와 적극적인 참여 덕분에 행사홍보가 순조롭게 진행되는 가운데 또 하나의 희소식이 전해졌다. 〈제1회 츠루 가요제〉가 오사카 코리아 타운 축제의 공식 전야제 행사로 결정되었다는 것이었다!

7. 오사카의 최남단 바닷가에서

린쿠타운은 '오사카 최대의 프리미엄 아울렛'이 있는 쇼핑의 명소이다. 그래서 오사카 관광을 끝낸 관광객들은 간사이 국제공항으로 떠나기 전에 마지막 코스로 '린쿠타운 역'에서 하차한다. 그리고 린쿠타운 역과 인접해 있는 린쿠타운 아울렛으로 향한다.

미국 사우스 캐롤라이나 주에 있는 유서깊은 항구도시인 찰스톤을 모

린쿠타운의 한적한 해변

방해 지은 린쿠타운 아울렛에는 세계적인 명품 브랜드와 나이키·아디다스·갭 등의 다양한 브랜드의 매장과 쇼핑센터와 카페와 음식점들이 함께 들어서 있다.

나는 도쿄에서 온 가요코(Kayoco Yuzawa) 씨와 함께 마치 미국의 화려한 거리를 떠올리게 하는 린쿠타운 아울렛을 지나 한적한 해변으로 들어섰다. 해안을 따라 길게 이어지는 해송들 사이로 잘 조성된 오솔길. 하얀 조약돌이 물 속까지 깔려 있는 깨끗한 해변.

린쿠타운 역에서 간사이 국제공항으로 곧게 뻗은 교각.

"어머! 바로 맞은편에, 간사이 공항이 있네요?"

"네, 여기서 저 다리만 건너가면 간사이 공항이죠."

"그런데 여기는 너무 조용하네요!"

"내가 오사카 방문을 마치고 간사이 공항으로 갈 때 마지막으로 들리는 곳이 바로 이 해변입니다. 대부분의 관광객들은 린쿠타운의 호화로운 아울렛 옆에 이처럼 한적한 해변이 있다는 사실을 잘 모른답니다. 나는 혼자 한적한 이곳에 앉아서 상쾌한 바닷바람도 마시고 경쾌한 파도소리도 들으면서 명상을 하고 힐링 학춤도 춘답니다."

"정말 그렇네요! 간사이 공항과 불과 한 정거장밖에 되지 않은 이곳에 이처럼 아름답고 한적한 해변이 있다니 정말 뜻밖이에요."

오사카 이쿠노 구민회관에서 개최된 〈제1회 한일 츠루 가요제〉는 수많은 일본들과 재일 교포들의 적극적인 후원과 참여 덕분에 기대 이상의 큰 성공을 이루었다.

그날 저녁에 행사 장소에 도착한 이쿠노 구청장은 축사만 한 것이 아니라 2시간 동안 계속된 모든 공연에 끝까지 참여했다. 또한 행사가 종료된 후에는 무대에 올라와 '정말 수고 많았다'면서 모든 가수들을 따뜻하게 격려해 주었다.

그리고 다음 날 아침, 코리아 타운 축제 개막식장에서 다시 만난 이쿠노 구청장은 그곳에 참석한 일본의 국회의원과 내빈들에게 나를 일일이 소개해 주면서 엊저녁에 코리아 타운 축제 전야제 행사로 개최한 〈제1회 한일 츠루 가요제〉에 대해 찬사를 보내 주었다.

그리고 더욱 고무적인 일이 하나 더 생겼다. 무병장수의 상징인 학의 의미를 참석자들에게 더욱 생생하게 알려 드리기 위해 〈제1회 한일 츠루 가요제〉의 1부 행사로 'K-학춤 테라피 특별강연'과 'K-학춤' 시연을 진행했는데 많은 분들이 높은 관심을 보인 것이다.

그날 오프닝 행사로 내가 직접 '궁중학무의 전통 학 탈과 학 날개 옷'을 입고 학춤 공연을 했는데 이러한 모든 내용들이 '한류를 사랑하는 고베 어머니 모임'의 회원들을 통해 고베에도 알려지게 되었고 또 오사카의 언론에도 기사로 보도되었다.

이렇게 되자 나는 크리에이터 팜의 박상준 대표 안내로 오사카의 방송국인 〈MBN-TV〉의 '한류를 사랑하는 PD 모임'에 참가해서 'K-학춤 테라피 특별강연'과 'K-학춤' 시연을 보이게 되었다.

이번 행사에서 거둔 또 하나의 커다란 수확은 도쿄에서 활동하는 가요코 유자와 가수를 알게 되었다는 것이다. 미국 버클리 음대 출신의

제1회 한일 츠루 가요제 개막식 (중앙에 서 있는 가요코 가수)

여가수인 가요코 가수는 내가 작사한 14곡 중에서 〈나라의 가을과 경주의 가을〉을 일본어로 불렀다. 그런데 그녀의 맑은 영혼에서 흘러나오는 청량한 음색, 심금을 울리는 노래에 대한 진정성, 아무도 흉내 낼 수 없는 독보적인 곡 해석으로 청중들로부터 가장 열렬한 박수와 앵콜 요청을 받았다. 그녀는 수많은 참여 아티스트들 중에서 단연 돋보였다.

그날 나는 새삼 중요한 사실 하나를 깨달았다. 그것은 특별한 장소만 학의 맑고 우아한 기운을 느낄 수 있는 파워 스팟이 아니라 사람도 백학의 기운을 느끼게 하는 특별한 파워 스팟이 될 수 있다는 사실이었다.

도쿄에 살고 있는 가요코 가수는 원래 나가노 출신이다. 그리고 나가노 현에 속한 이나 시의 홍보대사이기도 하다.

1998년에 동계올림픽을 개최한 나가노는 일본에서 유명한 고산지대인 중앙 알프스와 남 알프스를 볼 수 있는 천혜의 자연환경을 갖고 있는 청정지역이다. 그리고 나가노는 코로나 팬데믹이 끝난 2023년에 오키나와를 제치고 '일본 제1의 장수 도시'로 선정될 정도로 유명한 지역이기도 하다.

'일본의 알프스'로 유명한 나가노에는 '후지산의 장엄한 모습을 가장 잘 볼 수 있는 최고의 장소'인 후지미 역과 '구름 위의 산책'으로 유명한

제1회 츠루 가요제에서 열창하는 가요코 가수

해발 1,770미터의 〈SORA Terrace〉가 있다. 그리고 일본 열도에서 가장 고지대에 있는 스타벅스가 나가노의 하 포오네에 위치하고 있고 일본 열도에서 밤하늘의 별이 가장 많이 보이는 청정 하늘을 가진 곳인 아치무라도 나가노에 있고 일본에서 가장 높은 해발 2,616미터의 로프웨이도 나가노에 있다. 이 로프웨이는 탑승 인원이 세계에서 가장 많은 166명으로 유명하다.

그리고 '일본의 3대 사찰'인 나가노 젠코지가 나가노에 있고 나오시마 섬에 '호박 조형물을 세운 유명한 여성 예술가'인 쿠사마 야요이의 고향도 나가노이다.

가요코가 태어난 곳은 나가노 현의 남동쪽에 위치한 아름다운 소도시인 이나시 시인데 이나시 시에는 '천하 제1의 벚꽃 명소'이면서 '일본 3대 벚꽃 명소'로 유명한 타카토오 성터 공원이 있다.

"가요코 씨의 어린 시절이 궁금하네요? 어릴 때부터 가수가 꿈이었나요?"

"네, 그 당시의 저를 회고하면 아주 수줍음이 많고 소극적인 여학생이었어요. 그런데 유독 부끄러움을 많이 타고 내향적인 저에게 어느 날 합창부원이 될 기회가 찾아왔어요. 초등학교 4학년이었던 저는 그때 노래

나가노 출신의 여성 예술가 쿠사마 야요이의 호박 작품

를 열심히 부르기 시작하면서 수줍음이 많고 남들 앞에서 나서기를 주저했던 저의 소극적인 성격이 서서히 변하기 시작했어요."

"노래가 가요코 씨의 인생에 대단히 큰 변화를 일으키는 터닝 포인트를 만들어 주었군요."

"네, 그래요. 저는 노래 때문에 새로운 활력을 얻었고 나중에는 제가 리더십을 발휘하는 학급장이 될 수 있었어요. 또 저는 중학교에 입학한 뒤 코마가네에 있는 〈스즈란 소년소녀 합창단〉에 입단했어요. 그래서 저는 〈스즈란 소년소녀 합창단〉에서 솔로곡도 부를 수 있었고 나중에 프랑스 공연을 갔을 때는 저의 솔로곡으로 청중들로부터 기립박수도 받았어요."

"정말, 대단했군요."

"그때 저는 비록 언어와 문화와 역사가 달라도 국경을 초월해서 서로 공감하고 소통할 수 있는 고귀한 예술이 바로 음악이라는 사실을 깨달았어요. 그래서 저는 중학교 3학년 때 '내 인생에서 진정으로 하고 싶은 게 무엇인지?'에 대해 매우 진지한 고민을 하기 시작했어요. 그때는 감수성이 한창 예민한 사춘기 시절이었기 때문에.

밤이 이슥한 새벽 2시가 넘은 늦은 시간까지 '저의 인생에서 가장 중요한 것이 무엇인지?'에 대해 심각한 고민을 하느라 잠을 거의 이루지 못하는 날이 많았답니다.

그러던 어느 날, 저는 신문에서 정신이 번쩍 드는 문장을 읽게 되었어요. '이 세상에는 오직 너만이 할 수 있는 사명이 있다! 그러니까 결코 포기하지 말고, 도전!' 이 문장은 무척 짧았지만 저에게 아주 강력한 느낌을 주는 문장이었죠.

그날 저는 이나시 시의 캄캄한 밤하늘에 찬란하게 빛나는 수많은 별들을 바라보며 굳게 결심했어요.

'그래, 누구나 인생은 오직 단 한 번밖에 없는 거야. 그러니까 오직 단 한 번밖에 없는 내 인생에서 정말로 내가 하고 싶은 일을 찾아서 열심히 하자. 그래야만이 내가 후회하지 않을 거야. 아무리 생각해도 내가 행복을 느끼면서 뜨거운 열정으로 잘할 수 있는 것은, 노래를 부르는 가수야, 가수!'

그날 저녁이 제 인생에서 정신적으로 퀀텀 점프(Quantum Jump, 비약적인 도약)를 하는 대단히 중요한 터닝 포인트였어요."

"가요코 씨에게는 정말 일생일대의 중요한 순간이었군요."

"그래요. 그때 그 순간은 정말 소중하면서도 특별했어요. 아마도 제 인생에서 영원히 잊지 못할 귀중한 경험일 거예요. 그런데 인생에는 때로는 역경이 찾아오고 또 생각하지도 못한 장애물이 찾아오기도 하잖아요? 제가 중학교에 다닐 때 저를 정신적으로 몹시 힘들게 하는 체육 선생님이 한 분 계셨어요. 그 분은 수업이 다 끝난 뒤에 진행하는 '방과 후 수업'에서 대단히 엄격한 선생님이었는데, 그 수업에 제대로 따라가지 못하는 저에게 '돌아가!'라면서 여러 차례나 무척 호되게 꾸짖었습니다. 지금 생각해 보면 저는 아름다운 예술을 좋아하는 감수성이 풍부한 학생이었기 때문에 몸으로 거칠게 경쟁을 해야 하는 구기 종목에 별로 자신이 없고 소극적이었던 같습니다.

그래서 체육선생님은 저에게 '서로 공을 차지하기 위해 거친 숨소리를 내며 땀을 흘려야 하는 구기 종목 같은 운동에 대한 용기'를 북돋우기 위해 저에게 거친 말씀도 거침없이 하셨겠지만, 그 당시 저에게는 무척 고통스러운 순간이었습니다.

게다가 사춘기 소녀였던 저는 '방과 후 수업'뿐 아니라 학교 시험 점수도 제가 생각한 만큼 오르지 않았고 가족과도 제대로 소통하는 것이 어려워서 갈수록 심한 외로움을 느껴야 했습니다.

학교와 가정에서 제대로 된 소통과 정서적인 감정의 교류를 하기 어려웠던 저는 갈수록 극심한 고독을 느끼게 되었고, 어떨 때는 '아! 나는 정말 운이 없는 사람인가?' 하는 자괴감에 사로잡혀 나가노의 숲 사이로 흐르는 강물을 바라보며 하염없이 눈물을 흘리기도 했습니다.

제가 '나가노의 푸르고 깊은 강물에 몸을 던지고 싶다'는 마음이 들 정도로 슬프고 힘든 일을 겪던 어느 날 아침 1교시였습니다. 옆 반에 있는 친구인 유카짱이 정성껏 쓴 손편지를 전해 주는 거예요. 그 편지 속에는 이런 글이 적혀 있었어요.

'가요코짱! 우리는 서로 친구니까 즐거울 때는 바보처럼 같이 웃고, 슬플 때는 손을 잡고 함께 펑펑 울자!'

아, 저는 그 편지를 읽는 순간을 결코 잊을 수가 없어요."

"진정한 소울 메이트를 찾았군요."

"네, 그래요. 저는 '이 세상에서 더 이상 혼자가 아니구나. 나는 인생길을 홀로 외롭게 걸어가는 고독한 존재가 아니야. 와우!'라고 마음속으로 크게 외쳤어요."

"그때가 가요코 씨의 인생에서 대단히 중요한 순간이었군요. 사실 자신의 인생에서 최고의 가족은 진정한 소울 메이트잖아요? 나의 진가를 알아주고 나의 심중을 이해하고 나의 행복을 빌어주는 영혼의 친구는 진정한 나의 가족이죠. 그런데 자신의 인생에서 그런 사람을 한 명이라도 발견한다는 것은 참으로 쉽지 않은 일인데 가요코 씨는 정말 행운아였네요."

"맞아요. 저는 그때의 잊을 수 없는 경험 때문에 중학교 시절을 의욕을 잃지 않고 잘 보낼 수 있었어요. 그래서 여고생이 된 저는 음악에 더욱 몰입하기 시작했어요."

가요코 가수는 음악에 한창 심취되어 있던 고등학교 2학년 시절에 〈도쿄음악학교〉에 견학을 가게 되었다. 그녀는 그곳에서 가스펠 송(Gospel Song)을 처음 듣게 되었는데, 그 노래는 그녀가 기존에 알고 있던 노래와는 또 다른 감동을 주는 전혀 새로운 세계였다. 그녀는 흑인 특유의 열정이 가득한 가스펠 송을 들으면서 엄청난 에너지와 새로운 영감을 느꼈다. 그래서 그녀는 미국 보스톤에 있는 버클리 음대를 가기 위해 땀 흘려 준비했고 결국 입학했다.

그 당시 버클리 음대에는 흑인으로 구성된 합창단이 있었는데 그녀는 열심히 노력해서 '흑인합창단의 유일한 아시아인 멤버'로 활동할 수 있게 되었다.

"그 당시 저는 백인, 흑인, 인디언, 히스패닉, 아시아인들이 함께 살고 있는 '인종의 거대한 용광로' 같은 미국에서 음악을 공부하면서 우리 모두는 인종과 민족과 남녀를 초월해서 평화와 행복을 추구하는 똑같은 지구인이라는 생각을 했어요. 그래서 저는 미국 유학을 마치고 도쿄에서 가수로 활동할 때 많은 분들의 마음을 따뜻하게 위로해 주는 노래를 부르기 위해 많은 고민을 했고 또 무척 많은 노력을 기울였어요.

저는 그러한 노력의 일환으로 도쿄에서 가수로 활동하면서 〈나가노현 자살예방 주간의 CM송〉을 만들었고, 가스펠 송도 가르치고, 작곡하는 방법도 가르치고, 어린이들이 음악을 통해 좀 더 많은 사람들과 소통하고 공감하는 그림책 CD도 발표하고, 또 인권활동과 라디오 진행도 열심히 하고 있답니다."

"정말 대단한 경험을 했군요. 가요코 씨가 그토록 뜨거운 열정을 갖고 진행하고 있는 다양한 일들은 반드시 또 다른 사람들에게 대단히 선한 영향력을 줄 겁니다. 또 그 분들 중에 가요코 씨와 뜻을 함께 하고 마음을 진정으로 서로 나누는 소울 메이트들이 틀림없이 생기게 될 겁니다.

지금 가요코 씨는 참으로 귀하고 소중한 사랑의 에너지를 많은 사람들과 함께 나누고 있네요. 우리도 가요코 씨의 그러한 활동을 항상 응원할게요."

이때, 선명한 '백학(白鶴) 로고'가 그려진 일본 JAL 항공기가 간사이 국제공항 하늘 위로 힘차게 이륙하는 모습이 보였다. "

일본 가수 가요코 유자와의 힐링 노래
Lesson / Kayoco Yuzawa

Lesson

어떤 어두운 하늘이라도 저 구름 위에는 반드시 빛나는 태양이 있어

따뜻한 햇살

산 너머에는 눈부신 경치가 있을 거야

바로 눈앞에 깔린 자갈길을

발에 걸려 넘어지며 한 걸음씩 나아갔다

너의 마음에는 언제나 어둠이 깃들 힘이 있다는 것을

잊지 말아

언젠가 나와 마찬가지로 힘든 사람을 위로할 수 있는 내가 되기 위한 레슨

혼자 외로운 밤이 누구에게나 찾아오지만

아침해는 언제나 동쪽 하늘에서 뜬다

힘들지 않는 세상이 있다면 가보고 싶지만

Lesson_湯澤かよこ/YouTube

하늘을 가르듯 강한 빛이 되길 꿈꾼다

너의 마음에는 언제나 어둠을 찢을 수 있는 능력이 있다는 것을

계속 믿어

언젠가 고민할 일도 인생의 즐거움이라고 웃을 수 있는 내가 되기 위한 레슨

끝이 있는 시간을 어떻게 보낼까?

소중한 너와 함께 손잡고 가자

우리의 마음에는 언제나 어둠을 찢을 수 있는 능력이 있다는 걸

계속 믿어

언젠가 고민할 일도 인생의 즐거움이라고 웃을 수 있는 내가 되기 위한 레슨

(Lesson_가사)

이 노래의 배경_

    사랑하는 친구가 하는 일이 잘 풀리지 않아서 힘들어할 때 뭐라고 위로를 해야 할지 잘 몰랐습니다. 왜냐하면 열심히 노력해도 일이 잘 되지 않는 친구에게 단순히 '힘내!'라고 말하는 것만으로는, 무언가 충분하지 않다는 생각이 강하게 들었기 때문입니다. 그런데 바로 그때 제 고향인 나가노 현의 맑고 오염되지 않은 대자연의 정취를 그대로 간직한 아름다운 경치가 마음속에 떠 올랐습니다.

    저는 '실의에 빠진 사람들에게 새로운 희망을 느끼게 하는 나가노 현의 수려한 풍광을 가사에 담아 노래하는 게 좋겠다'고 생각했습니다.

    어떠한 역경과 고난이 닥쳐와도, 그런 어려움들을 반드시 이기고 극복할 수있는 강한 생명력이 우리의 마음속에 꼭 존재하고 있습니다. '우리 모두 그러한 믿음을 갖고 함께 고민하면서 조금씩 앞으로 나아갑시다!'라는 희망과 용기의 메시지를 여러분들의 마음속에 전하고 싶습니다.

(가요코 유자와 씀)

가요코 유자와 가수가 발표한 음반들

Discography

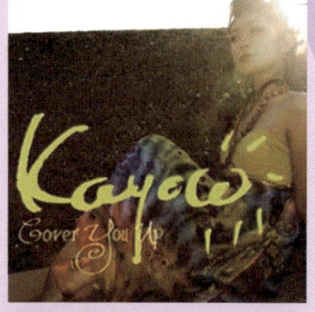

Cover You Up

발매일: 2009년 2월 4일

전 9곡

Hideo Kobayashi

ZERO [Original Recording]

발매일: 2009년 3월 7일

전 11곡

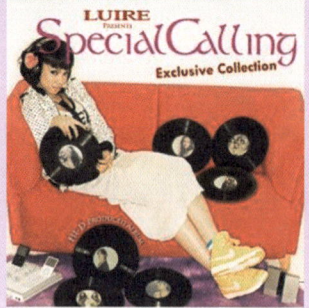

Special Calling~Exclusive Collection~

발매일: 2009년 3월 25일

전 10곡

Touch

발매일: 2011년 7월 28일

전 7곡

sunny side

발매일: 2013년 7월 18일

전 8곡

Breath of Love

발매일: 2015년 4월 23일

전 10곡

10th Anniversary Art Book CD

moshi moshi

Dacco Record KYC-001

발매일: 2019년 12월 4일

전 12곡

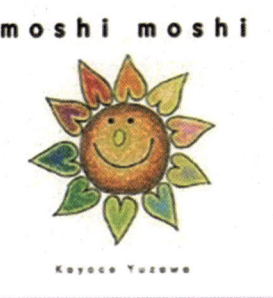

모모다니 쇼핑가의 힐링 맛집, 사쿠라 테이

오사카의 모모다니(桃谷) 역에서 코리아 타운이 있는 방향의 미유키모리 신사(御幸森神社)로 가는 사람들이라면 마음씨 고운 재일 교포 할머니와 딸들이 함께 운영하는 이 맛집을 꼭 한번 방문하기를 추강한다.

일본인들이 이구동성으로 '모모다니 최고의 힐링 맛집'이라고 추천해 준 이 식당은 사쿠라테이(桜亭)이다. 모모다니 역에서 하차해서 지붕이 예쁜 모모다니 쇼핑가를 5분 정도 걷다가 첫번째 사거리에서 왼쪽으로 고개를 돌리면 예쁜 가게가 하나 보인다. 이 가게가 사쿠라테이다.

사쿠라테이를 운영하는 세 모녀의 정겨운 모습

사쿠라테이의 첫번째 특징은 문을 열고 들어서면 가장 먼저 한국의 대중가요가 들린다는 것이다. 한국의 K-팝이 일본의 젊은 여성들 사이에 무척 큰 인기를 얻고 있는 것이 사실이다. 그러나 일본에는 K-팝 시장보다 훨씬 더 큰 시장이 있는데 그것은 엔카(演歌) 시장이다.

'일본 엔카의 아버지'로 추앙받고 있는 고가 마사오는 7세 때 홀어머니와 함께 인천으로 이사를 왔고 12세에는 서울에서 생활하면서 선린상고를 졸업했다. 특히 선린상고 재학 중에 아리랑을 비롯한 조선의 민요를 들으면서 음악 공부를 시작한 고가 마사오는 그 후 일본에서 엔카를 크게 부흥시키는 유명한 작곡가로 성장했다.

일본인과 재일교포 손님들이 주로 많이 찾아오는 사쿠라테이에는 1960년대부터 1980년대까지 한국에서 유행했던 다양한 한국의 노래들이 끊임없이 흘러나온다. 그래서 사쿠라테이를 방문한 일본인과 재일교포 손님들은 한국의 트롯, 발라드, 세미 트롯 등의 노래를 편안하게 들으면서 즐겁게 식사를 한다.

필자가 사쿠라테이에서 먹은 메뉴들 중에는 젊은 세대들이 좋아하는 메뉴인 '함박 스테이크 정식'이 있다.

함박스테이크의 고기는 대단히 부드럽고 육즙이 풍부하다. 또 함박 스테이크 소스가 무척 맛있어서 하얀 쌀밥에 갈색의 소스를 비벼 먹으면 만족도가 한결 더 올라간다. 식사의 기본은 밥이고 밥은 쌀이 맛있어야 한다. 그런데 이 집은 양질의 쌀로 밥을 지어서 그런지 밥맛도 무척이나 좋다.

사쿠라테이의 꼬리곰탕 정식

필자가 가을에 이 가게에서 가장 좋아하는 메뉴는 '이와시 정식'이었다!

이와시 정식(いわし定食)은 등 푸른 생선인 정어리의 뼈를 일일이 발라내고 남은 부드러운 살을 뜨거운 국물에 푹 끓여서 나오는 음식이다. 속도 무척 편안하고 해장국으로도 인기가 높으며 함께 나오는 밑반찬들이 어린시절에 외할머니 댁에서 밥을 먹던 아련한 옛 추억을 되살아나게 했다.

필자에게 이 식당을 적극 추천해 준 일본인들이 좋아하는 메뉴들 중에는 시레기 정식과 꼬리곰탕 정식이 있다.

마치 스프처럼 부드러운 시레기국에는 고소하면서도 식감이 좋은 고기가 들어 있어서 이와시 정식만큼 속이 편안했다. 만약 생선을 싫어하는 분들에게는 이와시 정식의 대용으로 먹기에 조금도 손색이 없을 것이다. 또한 이와시가 잘 잡히지 않는 초여름에는 시레기 정식이 무척 인기가 있다고 한다.

그리고 꼬리곰탕 정식은 뜨거운 물로 오랫동안 푹 고운 소의 꼬리뼈에 붙은 갈색의 살이 마치 송아지 고기처럼 보들보들하면서도 육즙이 아주 풍부했다. 그리고 꼬리곰탕의 국물이 무척 맑고 담백해서 마치 따끈한 스프를 마시는 것 같은 편안함을 느꼈고, 마치 시골에 사시는 어머니 댁에서 도시생활에 지친 몸과 마음을 보신(保身)하면서 힐링(healing)하는 듯한 푸근함을 함께 느꼈다.

필자는 재일 교포 1세와 2세인 세 모녀가 음식을 정성껏 준비하는 모습을 바라보면서 이 분들은 단순히 음식을 파는 것이 아니라 음식을 통해서 사람들을 행복하게 만드는 큰 공덕을 쌓고 있다는 느낌이 들었다. 음식을 통해 행복한 세상을 만드는 아름다운 미소를 가진 세 모녀에게 더 큰 복이 찾아오기를 두 손 모아 기원했다.

찾아가는 길

주소: 오사카시 이쿠노구 모모다니1-10-27
　　　(모모다니 역에서 도보로 5분 거리에 위치함)
전화번호: 06-6715-1587
휴일: 월요일

두 번째 파워 스팟 힐링 여행

꽃과 약초가 향기로운 꿈의 고장, 나라

1. 나라 현에서 만난 일본의 재생의학

오사카에서의 모든 일정을 마무리 짓고 난 후 다음 행선지는 나라(奈良)였다. 나는 크리에이터 팜의 박상준 대표와 함께 일본의 두 번째 파워 스팟이 있는 나라로 향했다. 박 대표가 일본에서 발달한 재생의학을 소개해 주겠다고 해서 일정을 잡은 것이다. 우리에게는 아직 생소하지만 일본에서는 NK 면역세포 치료나 줄기세포 치료가 유명한 모양이었다. 여기에다 일본 전통의 약초요법까지 결합해 많은 치료 성과를 내고 있다고 해서 갑자기 깊은 관심이 솟구쳐 올랐다.

박상준 대표가 운전하는 초록색 승용차는 '헤이조쿄 궁전 표시'가 있는 도로 표지판을 지나 '아스카 촌' 방향 도로의 좌측으로 돌아 계속 위로 올라갔다.

나라 시에서 나라 현 북쪽에 있는 야마토 고원으로 향하는 오르막길 좌우에는 짙은 녹색의 숲이 울창하게 우거져 마치 차로 달리면서 삼림욕을 하는 듯한 상쾌한 기분이었다.

잠시 후, 우리는 도로의 왼편에 서 있는 병원의 주차장 안으로 천천히 들어갔다. 그란 솔 나라 병원이었다. 그란 솔 나라 병원은 2025 오사카 · 간사이 엑스포에 참여해 NK 면역세포 치료와 줄기세포 치료를 중심으로 하는 일본의 재생의학을 널리 알리는 프로그램을 준비하고 있는 병원이다.

병원에서 환한 웃음을 지으며 우리를 반겨준 사람은 코스미 의사이다. 오사카가 고향인 코스미 의사는 한국의 한류 스타들과 한국 대기업 총수와 경영진 가족들에게 일본의 우수한 재생의료 서비스를 제공한 색다른 경험을 많이 갖고 있다.

또한 한국을 방문해서 일본의 재생의학에 대해 궁금해하는 한국인들을 대상으로 'NK세포 면역 치료'를 통한 암 예방과 '줄기세포를 중심으로 하는 재생의학을 통한 암의 치료' 및 회복에 대해 최신 의학정보를 알려주는 특강을 하기도 했다.

코스미 의사는 현재 그란 솔 나라 병원에서 인체의 면역력 향상 및 암 예방을 위해 일본 재생의학의 표준치료와 NK세포 면역치료를 희망하는 많은 환자들에게 진심을 다해 인술(仁術)을 베풀고 있는 신망이 대단히 두터운 의사다.

코스미 의사는 대단히 뜨거운 열정의

그란 솔 나라 병원에서 코스미 의사와 함께

소유자다. 그는 자신이 어린이들의 소아암 치료를 담당하면서 수많은 암 환자들을 치료한 다양한 이야기를 들려주었고 열악한 환경 속에서 신음하는 해외의 환자들을 치료하기 위해 뜨거운 열정과 사명감을 갖고 의료봉사를 땀흘려 했던 경험도 함께 들려주었다.

"저는 긴키 대학 의학부와 대학원을 졸업하고 오랫동안 긴키 대학 의학부 부속병원과 긴키 대학 의학부 나라 병원에서 근무하면서 '아동 소아외과 지도의'를 39세의 최연소 나이로 취득했습니다. 그리고 요시오카 히데토 소아외과 의사가 설립한 국제의사 봉사단체인 〈재팬하트〉의 설립 취지에 공감한 저는 의료시설이 무척 열악한 동남아시아의 미얀마와 캄보디아에 40회 이상 방문해서 현지의 여러 의사들에게 수술을 지도했습니다."

문득 나는 코스미 의사의 청소년 시절이 궁금해졌다. 도대체 의사가 되기로 결심하게 된 청소년기의 계기는 무엇이었을까? 그러자 코스미 의사는 뜻밖의 대답을 하는게 아닌가?

"청소년기에 감명깊게 읽었던 만화 때문이었습니다."

동화책도 아니고 소설이나 에세이도 아니고 만화라니? 그러나 일본인이라면 무척 자연스러운 일일 수도 있겠다는 생각이 들었다. '세계적인 만화의 나라'이자 '세계적인 애니메이션의 나라'가 일본이니까.

코스미 박사가 청소년기에 감명 깊게 읽었던 만화는 데즈카 오사무가 출간한 만화 〈블랙잭〉이었다.

〈우주소년 아톰〉, 〈밀림의 왕자 레오〉, 〈불새〉 등의 작품으로 유명한 데즈카 오사무는 만화 〈블랙잭〉을 『주간소년 챔피언』에 1973년부터 1983년까지 10년 동안 연재했다.

그는 어떻게 의학 만화인 〈블랙잭〉을 10년 동안이나 연재할 수 있었을까? 그 이유는 데즈카 오사무가 의사였기 때문이었다.

지금의 다카라즈카 시에서 태어나 어린시절부터 숲속의 곤충에 남다른 관심이 있었던 그는 1945년에 오사카 의대에서 의학을 공부했었다.

대동아전쟁 말기인 1945년에 미군의 끔찍한 오사카 공습을 직접 경험하기도 한 그는 열심히 학업에 정진해서 1952년에 의사국가고시에 합격을 했다. 이러한 경험을 바탕으로 예술가적인 상상력을 발휘해서 그는 마치 신과 같은 현란한 매스의 움직임으로 죽어가는 생명을 되살리는 천재 외과의사인 블랙잭을 탄생시킨다.

만화 〈블랙잭〉 속에는 오사카 공습 당시 본인이 직접 느꼈던 경악과 분노가 잘 묘사 되어 있다. 작품 속에서 8세의 어린이로 나오는 블랙잭은 불발탄의 폭발로 인해 본인은 온몸이 만신창이가 되어 사경을 헤매고 그의 어머니는 처참한 모습으로 사망하는 것으로 그려져 있다. 명의인 혼마 죠타로의 혼신을 다한 수술과 치료 덕분에 그는 가까스로 목숨을 건지게 된다. 그러나 블랙잭은 불발탄의 폭발로 인해 얼굴에 피부 이식을 하고 전신에 수많은 흉터를 가진 콤플렉스 가득한 사람이 되어야 했다. 그러나 자신의 불운을 딛고 의학을 열심히 공부한 그는 자신의 뜻을 좇아 무면허 의사로 살기로 굳게 결심한다.

거대한 의사협회의 관료적인 간섭과 온갖 구속으로부터 정녕 자유롭고 싶은 영혼의 소유자였던 그는 마을에서 외따로 떨어진 호젓한 진료소에서 자신의 아내(?)라고 주장하는 귀여운 조수 피노코와 함께 기거한다.

블랙잭은 언제나 검은 옷 위에 긴 망토를 두른 신비로운 모습으로 다니면서 신기에 가까운 의술로 죽어가는 불치의 환자들을 살려내고 일반인들이 상상하기 힘든 엄청난 고액의 치료비를 청구하는 기행을 서슴없이 행한다. 그처럼 기행과 만행을 일삼는 기상천외한 무면허 의사이지만 블랙잭은 생명을 진실로 사랑하는 참다운 의사였다.

만화작가인 데즈카 오사무는 블랙잭의 생명의 은인이자 스승이기도 한 혼마 죠타로의 말을 통해 생명에 대한 자신의 세계관을 이렇게 표현했다.

"이 세상의 그 어떤 수술도 생명의 신비로움을 이길 수는 없어. 인간이 생명의 생(生)과 사(死)를 마음대로 다루려고 하는 게 우습구나."

또한 데즈카 오사무는 블랙잭의 말을 통해서도 자신의 생명에 대한 세계관을 이렇게 표현하기도 했다.

"환자가 나을 것이라고 보장할 수 있는 건 의사가 아니라, 오직 신뿐이야!"

코스미 의사는 청소년기에 데즈카 오사무가 창작한 세계 최고의 명의이자 기인인 블랙잭의 멋진 활약상을 만화로 읽으면서 '의사가 되고 싶은 강한 의욕을 느꼈다'고 힘주어 말했다.

"수술용 메스를 흉악범이 잘못 사용하면 그것은 사람을 죽이는 흉기가 됩니다. 그러나 의사가 메스를 수술실에서 사용하면 그것은 죽어가는 사람을 살리는 유용한 도구가 되지 않습니까? 그래서 저는 데즈카 오사무의 만화에 나오는 블랙잭처럼 메스를 사용해서 사람을 살리는 진정한 의과의사가 되는 것이 꿈이었죠."

코스미 의사는 치료를 위해 대단히 중요한 역할을 수행하는 '네츄럴 킬러세포'인 NK세포에 대한 여러 자료들을 보여주면서 암세포와 바이러스에 감염된 비정상적인 세포들이 존재하고 있는 인체의 혈관 속을 대청소하는 〈NK 면역세포 치료〉에 대해 열강을 하기 시작했다.

그란 솔 나라 병원 정원에서 코스미 의사와 함께

"통계를 살펴보면 일본인들 2명 중에 1명이 암에 걸리고, 암환자 3명 중에서 1명은 사망을 합니다. 사실 암은 인간의 생명을 위협하는 가장 무서운 질병입니다. 암환자들은 보통 3가지의 표준 치료를 받게 되는데 수술·방사선 치료·항암 약물을 사용하는 화학요법이죠. 그런데 암환자들의 치료효과를 좀 더 높이기 위해서는 표준 치료를 보완하는 치료를 함께 하는 것이 필요합니다.

저는 병원에 내원한 암환자들의 치료 효과를 높이기 위해 개별 환자에게 최상의 표준 치료 이외의 재생의료 등을 제공하고 있습니다. NK세포는 혈액 내에서 각종 바이스에 오염된 세포와 암세포를 죽이는 네츄럴 킬러(Natural Killer) 세포입니다. 인체의 면역기능에 아주 중요한 세포라고 할 수 있죠.

최근에는 암에 걸리지 않는 몸을 만드는 예방의학이 더욱 중요해졌습니다. 그래서 개발한 게 〈NK 면역세포 치료요법〉이에요. 저는 환자의 혈액에서 추출한 NK세포를 병원의 배양실에서 배양한 후에 슈퍼맨처럼 기능과 파워가 훨씬 증대된 NK세포를 다시 환자의 혈액 내에 주입하는 〈NK 면역세포 치료요법〉을 통해 환자들의 면역력을 최대한 높이고 있답니다."

코스미 박사는 한국의 한류 스타와 글로벌 대기업의 CEO 가족들을 대상으로도 NK세포 면역요법과 줄기세포 치료를 해본 경험이 풍부하다고 했다. 그는 한국에까지 알려질 정도로 유명한 일본의 최신 줄기세포 치료 현황에 대해서 많은 이야기를 들려주었다.

"일본은 2012년에 줄기세포 연구로 노벨생리의학상을 수상한 이후 세계의 줄기세포연구와 치료 강국으로 떠올랐습니다. 특히 일본은 지리적으로 한국과 가장 가까운 위치에 있기 때문에 수많은 한국인들이 암과 같은 난치병 치료는 물론이고 안티에이징을 위한 미용과 젊음 유지를 하기 위해서도 도쿄와 오사카에 있는 병원을 찾아오고 있습니다."

그 날 오후.

인터뷰를 마친 코스미 박사는 오사카의 신사이바시에 있는 줄기세포 전문 병원을 소개해 주기로 약속했다.

"일본의 줄기세포 병원에 있는 의사들도 자신의 전공에 따라 조금씩 특화된 치료를 하고 있어요. 예를 들면 저는 원래 암 전문 의사이기 때문에 줄기세포와 NK세포를 활용한 암 환자 치료에 전념하고 있죠.

그런데 오늘 오후에 만나는 오사카의 미나미 료스케 원장은 미용과 성형에 대한 전문 의사입니다. 그래서 그 분은 일반적인 줄기세포 치료도 잘하지만, 특별히 여성들의 아름다움과 젊음을 회복하고 유지하는 성형과 미용에 대해 다양한 진료를 하시는 분입니다.

그리고 도쿄 RENAIS CLINIC의 히라노 아쯔유키 원장은 비뇨기과 전문 의사 출신이기 때문에 비뇨기계에 문제가 생긴 환자들과 활력이 부족한 남성들을 치료할 때 줄기세포를 비롯한 다양한 치료방법을 사용합니다. 특히 도쿄 RENAIS CLINIC에는 바쁜 스케줄에 지친 유명 연예인들과 기업인들의 스트레스 해소와 피로 회복에 뛰어난 효과를 발휘하는 힐링 프로그램도 운영하죠.

이번에 제가 오사카와 도쿄에 있는 줄기세포 전문 병원을 특별히 안내해 드리는 이유는 이 책의 독자들께서 자신의 증세와 병명에 따라 가장 적합한 병원을 선택하는 데 큰 도움을 드리기 위해서입니다."

필자는 나라와 오사카와 도쿄를 오가는 너무나 바쁜 일정에도 불구하고 열정적으로 줄기세포 전문 병원과 원장님들을 소개해 주는 코스미 박사의 세심한 배려와 친절에 무척 큰 고마움과 따뜻한 정을 느꼈다.

2. 오사카와 도쿄의 줄기세포 전문 병원

2025년 여름.

베이징에서 개최된 중국 전승절 80주년 열병식 행사에서 러시아 푸틴 대통령과 중국 시진핑 주석이 나눈 귓속말이 세계적인 주목을 받았다.

그것은 바로 중국을 최초로 통일한 진시황이 오매불망 열망했던 불로장생(不老長生)에 대한 이야기였다.

1952년생인 푸틴 대통령(73세)과 1953년생인 시진핑 주석(72세)은 통역을 통해 인간의 장수에 대한 대화를 나누었는데, 두 사람은 공개석상에서 마이크가 켜진 것을 인식하지 못한 채 마음속 이야기가 노출되는 핫마이크(hot mic) 현상이 벌어졌다.

먼저 시진핑 주석이 '예전에는 70세까지 사는 사람이 드물었지만 지금은 70세도 어린아이'라고 발언하자, 푸틴 대통령이 '생명공학의 발전으로 인간의 장기는 지속적으로 이식될 수 있다. 당신은 오래 살수록 젊어지고 불멸에 이를 수 있다'고 말했다. 그러자 시진핑 주석이 빙긋이 웃으면서 '이번 세기 안에 인간이 150세까지 살 수 있을 것으로 예상하는 사람들도 있다'고 화답했다.

그러면 러시아와 중국의 최고 지도자들이 인류의 오랜 꿈인 불로장생에 대한 어떠한 최고급 정보를 알고 있기에 '생명공학의 발전으로 인해 젊어지고 150세까지 장수할 수 있다'는 내용의 이야기를 그토록 허심탄회하게 할 수 있었을까?

우리는 이제 그 해답을 오사카 신사이바시의 줄기세포 전문 병원인 MY PLACE BEAUTY CLINIC에서 실감할 것이다.

코스미 박사를 인터뷰한 그 날 오후.

우리는 오사카 신사이바시에 있는 MY PLACE BEAUTY CLINIC의 미나미 료스케 원장을 만나기 위해 도톤보리로 들어섰다. 오사카 최대의 원도심인 도톤보리는 평소처럼 전 세계에서 온 관광객들로 활기가 넘쳐 흘렀다. 도톤보리 최고의 포토 존인 에비스 다리 위에는 한쪽 다리를 들고 글리코 상의 포즈를 따라하는 관광객들로 붐비고 있었고, 에비스 다리에서 도톤보리 최대의 쇼핑가인 신사이바시로 향하는 길엔 예쁘고 앙증맞게 치장한 크고 작은 가게들을 구경하며 산책하는 수많은 관광객들로 인해 제대로 걷기조차 힘들 정도였다.

수많은 사람들의 발길로 분주한 신사이바시 쇼핑가의 오른쪽 길로 들

MY PLACE BEAUTY CLINIC

어서자 대단히 크고 고급스러운 빌딩 하나가 눈에 들어온다. 오사카 최고의 줄기세포 · 미용 · 성형 병원인 MY PLACE BEAUTY CLINIC이다. MY PLACE BEAUTY CLINIC은 아주 좋은 위치의 1층에 자리잡고 있을 뿐 아니라 병원의 시설도 무척 좋았다. 그리고 미나미 료스케 원장은 아주 젊고 의욕이 충만한 줄기세포 전문 의사였다.

"제가 이 책의 독자 여러분들에게 꼭 드리고 싶은 말씀이 있습니다. 그것은 현재 일본이 단순히 줄기세포 강국이 아니라는 겁니다. 일본은 줄기세포 중에서도 최첨단 의학인 iPS(유도만능 줄기세포) 강국이라는 것입니다. 일본 교토대학의 야마나카 신야 교수가 노벨생리의학상을 수상한 것은 단순히 줄기세포를 만든 것이 아니라, iPS를 만들었기 때문입니다.

줄기세포는 이미 인체 여러 곳에 있는 세포입니다. 줄기세포는 태아의 태반, 탯줄 혈액(제대혈), 복부의 지방 등에 분포되어 있는데 이것을 성체줄기세포라고 부릅니다. 그리고 임신한 여성의 자궁 내에서 자라고 있는 수정란의 배아에도 줄기세포가 있는데 이것을 배아줄기세포라고 합니다.

그런데 문제는 난치병을 치료하기 위해 의사를 찾아오는 대부분의 환자들이 이미 나이가 많은 노령이거나 많이 쇠약해진 몸을 갖고 있다는 겁니다. 그래서 이러한 노령의 환자 몸에서 채취한 성체줄기세포는 이미 활력이 많이 떨어진 상태가 되는 겁니다. 그러면 줄기세포 치료 효과를 크게 높이는 방법이 무엇일까요?

그것은 여성의 자궁 속에 착상된 아주 어린 수정란의 배아줄기세포를 사용하는 방법입니다. 그런데 이 방법은 '어린 생명을 죽인다'는 윤리적인 문제가 발생하기 때문에 사용해서는 안 되는 것이죠. 그런데 교토대학의

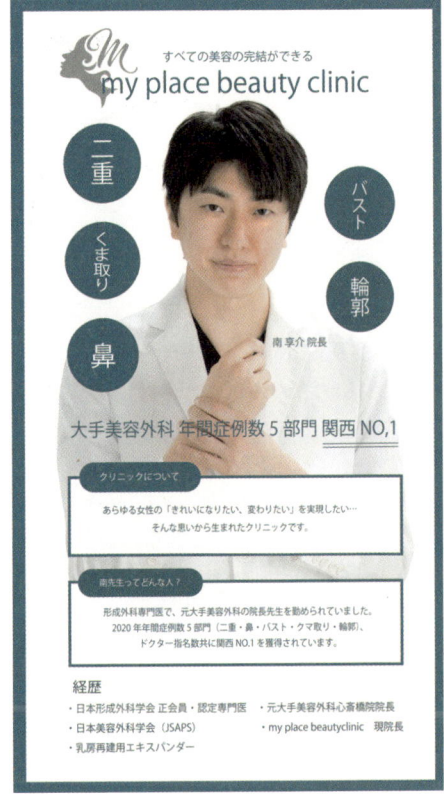

야마나카 신야 교수는 아무런 윤리적인 문제가 없는 성인의 피부에서 채취한 세포를 어머니의 자궁 속에 있는 0세의 수정란에 있는 세포 상태로 되돌리는 방법을 인류 최초로 발견했고, 그렇게 해서 만들어진 세포가 바로 iPS입니다.

이것은 그야말로 기적의 줄기세포입니다. 왜냐하면 나이가 든 줄기세포를 마치 '타임머신을 타고 과거로 돌아가게 만든 것'과 같은 것이기 때문입니다. 왜냐하면 어머니의 자궁 속에 있는 0세의 수정란에 있는 것과 같은 iPS는 모든 세포로 성장할 수 있는 무한한 가능성을 갖고 있기 때문이죠. 그래서 MY PLACE BEAUTY CLINIC에서는 수 백억 원이 넘는 대규모 투자를 해서 최신 시스템을 구축한 고가의 장비에서 만들어진

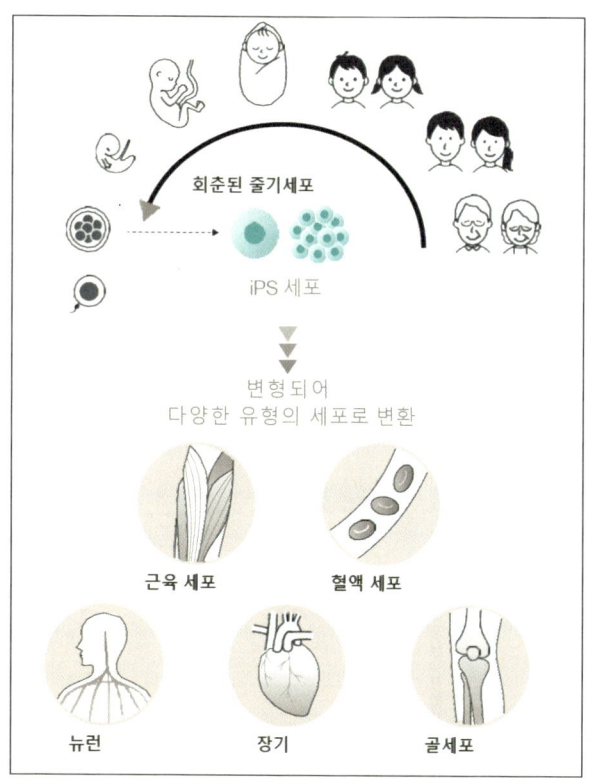

iPS를 환자들의 미용과 안티에이징 진료에 다양하게 활용하고 있습니다."

인터뷰를 거의 마무리 지을 즈음에 미나미 원장은 자신이 MY PLACE BEAUTY CLINIC을 운영하면서 보람을 느꼈던 순간에 대해 이러한 말을 남겼다.

"사실 남성들은 잘 모를 수가 있는데 여성에게 외모는 자신감입니다. 그래서 여성들은 나이에 관계없이 자신의 아름다움과 젊음을 유지하기 위해 외모를 가꿉니다. 그것은 인생에 활력을 주고 자존감을 높여 주는 대단히 중요한 일입니다.

그리고 얼굴의 쌍꺼풀이나 얼굴의 윤곽이나 피부 트러블 때문에 마음의 고생을 하는 여성들은 단순히 외모의 문제가 아니라 마음의 문제까지 연결되는 분들이 많이 있습니다. 다시 말씀드리면 그러한 외적인 문제로 인해 오랫동안 우울증을 앓기도 하고 사회생활에서 대단히 소극적인 태도를 취하기도 하죠.

저는 줄기세포 중에서도 가장 효능이 탁월한 기적의 세포로 널리 알려진 iPS(유도만능줄기세포)를 활용하는 안티에이징·미용·성형과 관련된 전문적인 진료를 하는 의사로서 각계각층의 수많은 환자들과 아주 다양한 상담을 했습니다. 그런데 저는 그러한 상담을 통해 여성의 외모가 단순한 외적인 문제에 그치는 것이 아니라, 자신의 내면에 깊이 자리잡고 있는 '자아 이미지'를 왜곡시킨다는 사실을 잘 알게 되었습니다.

그런데 왜곡된 '자아 이미지'는 상담하는 여성의 정신적인 능력을 제한하고 정서적인 결함을 유발하고, 더 나아가 그 여성의 사회적인 성공과 마음의 행복에도 나쁜 영향을 일으킨다는 것을 알 수 있었습니다.

이처럼 왜곡된 '자아 이미지'는 그 여성의 자존감을 저하시키고 인생과 사회에 대해 편협 된 시각을 갖게 만듭니다. 결국 그 분들에게 진정으로 필요한 것은 외모의 불만으로부터 시작된 왜곡된 '자아 이미지'를 밝고 건강하고 긍정적인 '자아 이미지'로 회복되도록 도움을 드리는 것입니다.

그런데 그런 분들이 저와 상담을 하고 적절한 치료를 받은 후에 오랜 우울증에서 벗어나서 밝고 적극적인 성격으로 변하고 그 덕분에 자신의 인생까지 크게 바뀌는 것을 보면서 저는 의사로서 대단히 큰 보람과 기쁨을 느낍니다.

결국 여성들에게 성형과 미용과 안티에이징은 단순히 자신의 외모를 바꾸는 것에 국한되는 것이 아니라 자신의 마음을 변화시키고, 더 나아가 자신의 인생을 더 좋게 변화시키는 중요한 계기가 되는 겁니다."

일본에서 대단히 성실하고 열정적인 의사로 유명한 코스미 박사는 매주 1회는 도쿄의 병원에서 수도권에 살고 있는 많은 환자들을 진료하고 있었다. 코스미 박사는 다음 날에 일본과 한국에서 활동하는 유명 연예인과 스포츠 선수들 사이에 유명한 도쿄의 줄기세포 전문 병원을 소개해 주기로 했다.

그래서 우리는 다음 날 아침 일찍 도쿄로 향했다.

코스미 박사의 추천으로 방문한 줄기세포 전문 병원인 RENAIS CLINIC은 도쿄 근대화의 오랜 역사를 느낄 수 있는 니혼바시(日本橋)에 위치하고 있었다.

"니혼바시는 일본의 수도인 도쿄가 최초로 발전을 시작한 곳입니다. 수많은 강과 하천이 도쿄만으로 흘러들지요. 그 영향으로 형성된 습지와 황량한 갈대와 억새가 가득했던 이 일대에 에도 성을 지은 사람은 도쿠가와 이에야스였죠. 그런데 일본을 통일하고 새로운 에도시대(1603년~1868년)를 연 도쿠가와 이에야스 막부는 전국의 다이묘들이 매년 1년 동안 에도에 머물러야 하는 참근교대(參勤 交代, 산킨코다이)라는 제도를 시행했습니다.

RENAIS CLINIC

그러다 보니 전국의 다이묘들이 자신의 가족과 부하들이 거주해야 할 저택이 필요했고 또 전국에서 올라온 무가(武家)들의 생활을 위한 시장·가게·창고들도 지어야 했습니다. 그래서 에도 막부에서는 부족한 땅을 넓히기 위해 해안 쪽으로 대규모 매립을 해야 했죠.

그때 지금의 간다(神田) 역 부근에 있는 거대한 산을 허물어 에도 성과 스미다 강 사이에 있는 해안을 매립하기 시작했어요. 그래서 탄생한 새로운 지역이 바로 니혼바시입니다. 그러니까 니혼바시는 도쿄 최초의 간척으로 만들어진 신천지이고, 수많은 수공업자들과 상인들이 생활하던 가장 활발한 도쿄 최초의 상업지역인 시타마치(下町)였습니다."

신간센으로 도쿄 역에서 내려 니혼바시로 걸어가는 도중에 코스미 박사는 1,400만 명의 인구가 생활하고 있는 도쿄의 중심인 추오 구(中央區)가 최초로 시작된 니혼바시에 대해 설명하기 시작했다

"그래서 니혼바시가 위치한 추오 구에는 일본 최초로 시작된 것들이 꽤 많이 있습니다. 일본 최초의 종합상사인 미쓰이 물산과 일본의 명품 백화점인 다이마루 백화점이 포목점으로 출발한 곳이 이곳이죠. 또 세계 최초의 전자식 손목시계를 생산한 세이코 그룹도 추오 구의 중심인 긴자 4번가의 핫토리 시계점에서 출발했어요.

그리고 일본 최대의 화장품 회사인 시세이도가 추오 구에서 작은 약국으로 시작했고, 혁신적인 신약 개발로 유명세를 타고 있는 다이이치 산쿄도 니혼바시에 위치하고 있습니다. 특히 오늘 우리가 방문하는 니혼바시의 RENAIS CLINIC은 줄기세포 · NK세포 · 노화와 질병의 핵심적인 조절인자인 NAD+를 활용하는 면역강화와 안티에이징 요법으로 유명한 병원입니다. 그래서 일본과 한국의 유명 아이돌 · 연예인 · 스포츠 스타 · 기업인들이 단골로 방문하는 병원으로 명성이 자자하죠."

그 날 코스미 박사의 소개로 만난 RENAIS CLINIC의 히라노 아쯔유키 원장은 대단히 온화한 학자 스타일의 의사였다.

"줄기세포는 오 헨리의 단편소설「마지막 잎새」와 비슷합니다. 가을이 되면 짙은 녹색의 나뭇잎들이 빛바랜 갈색으로 퇴색이 되면서 땅 위로 떨어지지 않습니까? 그러나 사람들은 초록의 잎들이 낙엽이 되어 바람에 날려가도 전혀 걱정을 하지 않죠. 왜냐하면 다음 해 봄이 되면 메마른 나뭇가지에서 또다시 연녹색의 새 잎새가 솟아나올 것을 알기 때문입니다.

우리의 신체도 이와 마찬가지이죠. 우리는 아이들이 넘어져서 무릎이나 팔꿈치가 까져 피부가 손상되어도 별로 걱정하지 않죠. 왜냐하면 나무의 가지에서 새로운 잎이 솟아 나오듯이 아이들의 피부도 새롭게 재생될 것을 알기 때문이죠. 이처럼 손상된 피부에 새로운 세포를 만들어 원상복구시키는 놀라운 일이 발생하는 것은 인체에 있는 줄기세포 덕분입니다. 이처럼 줄기세포는 인체에서 다양한 종류의 세포를 다시 재생시키는 마법의 세포입니다."

2012년에 줄기세포 연구로 노벨생리의학상을 수상한 일본은 대단히 많은 연구 성과를 축적하고 있다. 일본의 줄기세포 연구진들은 이미 성장을 마친 어른 세포를 다시 아기 세포인 iPS로 되돌리는 시간의 혁명을 이루어냈고, 이렇게 생성된 아기 세포인 iPS를 통해 손상된 인체의 세포나 조직을 새롭게 만드는 진정한 재생의학을 구현하고 있다.

"특히 RENAIS CLINIC에서는 일반적인 줄기세포 병원과 달리 최첨단의 새로운 의료기술을 사용하고 있습니다. 그것은 일반적인 줄기세포

히라노 아쯔유키 원장과 정준 작가

가 아니라 인체의 가장 유효한 성분만 추출한 줄기세포로 치료 효과를 더욱 높이는 것입니다. 그리고 이러한 특수 공법으로 개발된 줄기세포의 유효 성분 속에는 세포 재생 활성 물질인 엑소좀이 아주 고농도로 함유되어 있습니다. 그래서 암세포 증식 억제와 전이 억제·혈관 재생·신경세포 복구·항염증에 더욱 좋은 효과를 기대하는 겁니다.

또한 RENAIS CLINIC에서는 세포 노화와 질병의 핵심적인 조절인자인 NAD+를 활용하는 면역 강화와 안티에이징 요법을 실시하고 있습니다. 특히 NAD+는 세계적인 장수 연구학자인 하버드 의대의 데이비드 싱클레어 박사가 특별한 관심을 보인 장수 유전자 활성화 성분입니다.

인체 내에서 장수 유전자 활성화 성분인 NAD+의 농도를 높여주면 인간의 수명 상태를 알려주는 텔로미어의 길이가 길어지면서 노화의 속도가 아주 저속으로 느려지는 효과가 있죠. 그리고 NAD+의 농도를 높여주면 손상된 DNA를 복구하고 인체 장기의 세포가 활성화되어 몸 곳곳에 쌓인 피로가 회복되고 활력이 솟는 기분 좋은 경험을 하게 됩니다.

그래서 저속 노화와 안티에이징에 높은 관심을 보이고 있는 국내외 환자들이 노화 방지와 새로운 원기를 보강하는 의료 요법인 NAD+를 체험하기 위해 RENAIS CLINIC을 방문하고 있습니다. 그리고 NAD+는 링겔로 경험할 수도 있지만 간편하게 약으로 복용할 수 있는 제품도 있고, 또 코로 흡입 할 수 있는 스프레이 제품도 준비되어 있어서 누구나 쉽게 NAD+를 체험할 수 있습니다."

필자는 병원에서 보관하고 있는 앨범에서 한국과 일본의 유명 아이돌과 스포츠 스타와 연예인과 기업인들이 RENAIS CLINIC에서 제공하는 의료 요법을 체험하고 의사와 함께 촬영한 수많은 사진들을 확인할 수 있었다.

"도쿄 주변에는 온천과 아름다운 숲과 건강 음식을 먹을 수 있는 산악 휴양지·해변 휴양지·강변 휴양지가 많이 있습니다. 도쿄 시내에도 천연 온천이 있고 아름다운 정원과 산책하기 좋은 공원이 많이 있죠. 그래서 시간적인 여유가 있는 분들은 도쿄 일대에 한 달 정도 머물면서 RE-NAIS CLINIC에서 제공하는 의료 요법을 체험하고 또 지친 심신을 휴양하는 힐링의 시간을 갖기도 합니다."

사실 도쿄는 일본 최초의 약초 전문 재배 연구장이 세워졌던 역사적으로 대단히 유서 깊은 의학도시이기도 하다. 도쿄에는 도쿄대학 부속식물원으로 유명한 고이시카와 식물원이 있다. 그런데 이 식물원은 도쿠가와 이에야스가 세운 일본 최초의 약초원에서 유래했다.

그리고 8대 쇼군인 도쿠가와 요시노부는 1684년에 도쿠가와 이에야스가 만든 일본 최초의 약초원을 도쿄의 고이시카와로 확장 이전했다. 그 후 고이시카와 식물원에는 메이지 시대에 도쿄대학교 의대가 세워졌고 이곳은 일본 식물 연구의 본산이 되었다.

3. 40년 약초 장인 클레멘츠 가오리 여사

며칠 후. 다시 나라를 방문한 우리는 코스미 의사와 병원 사무국장의 친절한 안내를 받으며 그란 솔 나라 병원의 시설들을 천천히 둘러보았다. 넓고 쾌적한 강의장, 장기간 머무는 환자들을 위한 안락한 숙박시설, 청결하고 위생적인 세포 배양실. 우리는 주변의 숲에서 은은히 풍기는 신선한 피톤치드를 가슴 깊숙이 호흡하면서 레스토랑으로 천천히 향했다. 그런데 레스토랑 입구에 도착한 나는 잠시 발길을 멈추었다. 그곳에 다양한 약초와 약초를 활용한 상품들이 진열되어 있는 게 아닌가? 게다가 환자들이 먹는 식사 메뉴를 살펴 보니 약초가 들어간 건강밥상으로 구성되어 있었다.

내가 코스미 의사와 인터뷰를 하면서 공감한 내용 중 하나는 종합의학(綜合醫學)을 지향하는 코스미 의사의 폭넓은 의학관이었다. 종합의학은 완전의학(完全醫學)이라고도 하는데 서양의학의 치료 효과를 좀 더 높이기

약초로 만든 건강 식사

위해 비서양적인 의술들을 보조요법으로 활용하는 것을 말한다.

2008년에 설립된 일본 종합의료학회에서는 종합의학을 '근대 서양의학을 중심으로 하되 상호보완적으로 대체의학을 활용하는 의료'라고 정의했다.

인체의 면역세포를 활성화하기 위해 한방(漢方)에서 사용하는 다양한 요법이 있는데 이것은 '제3의 의학'으로 불리는 대체의학(代替醫學)이다. 종합의학에서 활용하는 비서양적인 의술인 대체의학에는 중국에서 유래한 침술·약초요법·기공과 인도의 아유르베다 등이 있는데 이것을 보조의학(補助醫學)이라고도 부른다.

일본에서 나라는 '약초의 고장'으로 유명하다.

710년에 아스카에서 나라에 헤이조쿄 궁전을 건설할 때 약초와 관련된 시설이 최초로 만들어졌고 약초를 잘 다루는 장인들도 궁 안에 있었다. 게다가 일본의 쇼군인 도쿠가와 이에야스는 약초에 대해 많은 관심을 쏟았고 본인이 직접 연구를 하기도 한 약초 전문가였다.

약초 관련 상품 진열대

  1605년에 아들인 도쿠가와 이에타다에게 에도 바쿠후(에도 막부)의 쇼군 자리를 물려주고 자신이 어린시절을 보낸 슨푸 성(지금의 시즈오카)으로 이주한 도쿠가와 이에야스는 성 안에 약초원을 지었다. 약초에 대단히 해박한 지식을 갖고 약초를 통해 자신의 건강을 잘 다스린 도쿠가와 이에야스는 73세까지 장수했다.

  또한 제8대 쇼군인 도쿠가와 요시무네는 1716년에 시작해서 1745년에 종료된 '일본의 3대 개혁' 중 하나인 교호개혁을 성공시킨 대단히 실용적인 통치자였다. 에도 바쿠후 시대를 최초로 시작한 도쿠가와 이에야스 시절을 추앙한 그는, 구황작물로 고구마 농사와 특수작물인 조선인삼 재배와 사쿠라와 복숭아 나무 조림을 장려할 정도로 식물에 깊은 조예가 있었다.

  도쿠가와 요시무네는 조선의 허준이 집필한 방대한 의학서적인 『동의보감』의 '탕액편'에 나오는 한약재에 대해 좀 더 자세히 알고 싶어했다. 그래서 도쿠가와 요시무네는 쓰시마 번주에게 '조선으로 건너가 조선의 산과 들에서 나오는 귀한 약초와 한약재들을 모두 조사할 것'을 명령했다.

그리고 오사카 출신의 고시 쓰네에몬을 조선 남부의 항구인 부산의 왜관에 파견하여 '조선의 약초와 한약재에 대한 상세한 보고서를 작성할 것'을 지시했다.

도쿠가와 요시무네의 명령을 받은 고시 쓰네에몬은 1721년 6월부터 1723년 1월까지 1년 반 동안 부산의 왜관에 머물면서 '조선 8도에서 나는 자생약초와 한약재에 대한 보고서'를 도합 4권의 책으로 집필했는데 그 책의 제목은 『약재질정기사(藥材質正紀事)』이다.

이와 같이 각종 식물과 약초에 깊은 관심이 있었던 도쿠가와 요시무네는 에도에 일본 최대의 식물원인 〈고이시카와 식물원〉(현재 도쿄대학 부속 식물원)을 조성하게 했다. 그때 나라 출신의 약초 연구가인 모리노 토스개가 많은 공을 세우자 〈고이시카와 식물원〉의 약초의 묘목들을 그에게 선물한다. 콩과의 다년생 식물인 요시노구주를 연구하던 모리노 토스개는 자신이 하사 받은 약초 묘목들을 나라의 울창한 숲속에 심고 약초원을 설립했는데 그것이 〈모리노큐야쿠엔〉이다.

약 250 종류의 약초가 재배되고 있는 〈모리노큐야쿠엔〉은 '일본에서 가장 오래된 약초원'이다. 또한 '최초의 일본 약'으로 알려져 숙취와 폭식과 식욕 부진에 효능이 있는 위장약인 다라니스케도 나라에서 유래했다. 이토록 유서 깊은 약초요법을 환자들을 위한 식사에 응용하고 있는 걸 보고 나는 무척 감탄했다.

잠시 후 나는 약초의 풍미가 가득한 건강밥상을 요리한 레스토랑의 세프를 소개받게 되었다. 그 여성은 나라에서 태어나 40년 동안 약초를 연구한 전문가였다.

그란 솔 나라 병원 레스토랑의 세프이며 40년 동안 약초를 연구한 약초 요법사인 클레멘츠 가오리 여사는 깊은 산 속의 외딴집에서 어린 시절을 보냈다고 했다.

"어떻게 해서 어린 시절부터 약초에 관심을 갖게 되었나요?"

그란 솔 나라 병원의 클레멘츠 약초 요법사

"제가 태어난 곳은 약초로 유명한 나라 현 우다 시에서도 아주 깊은 산속이었어요. 그래서 제가 살던 곳에는 이웃 집이 없어서 어린 시절에는 오직 산 속에서 자생하는 풀과 나무들이 저의 유일한 친구였죠.

저는 자연 속에서 산야초들이 많이 나는 환경 속에서 자랐기 때문에, 염소 젖과 칡뿌리를 말린 가루로 만든 갈탕(葛湯)과 집 주변에서 채취한 약초를 사용하는 민간요법이 저에겐 무척 친근했습니다. 몸이 아플 때는 '약국에서 약사가 제조한 약을 복용한다'는 사실을 나중에 동네 학교에 가서야 처음 알게 될 정도였죠."

나는 나라 현의 심산유곡의 외딴집에서 어린 시절을 보낸 클레멘츠 가오리 여사를 보면서 '알프스 소녀 하이디'가 연상되었다. 마치 알프스 처럼 청정한 나라 현 우다 시의 숲과 계곡과 들판에서 자연의 아름다움과 신비로움을 먼저 느꼈을 어린 소녀를.

"저는 어린 시절에 피부로 인해 고생을 많이 했기 때문에 성인이 된 후에 피부 관리에 대한 공부를 좀 더 자세히 하기 위해 프랑스로 유학을 떠

났습니다. 그런데 그 곳에서 피부와 인체 내의 림프에 대한 여러가지 공부를 하는 동안 프랑스인들이 몸의 컨디션이 나쁠 때 허브차를 자주 마시는 것을 목격했습니다. 그걸 보면서 제가 일본에 있을 때 몸의 원기를 보강하기 위해서 약초차를 자주 마시던 경험이 생각났습니다.

그래서 저는 단순히 피부의 건강만이 아니라 인체의 전반적인 건강 상태를 종합적으로 보강해주는 다양한 자연요법을 배우고 싶어졌습니다. 저는 아로마 테라피, 허브, 아트 테라피, 색체 심리학, 기공 등의 자연요법을 열심히 공부하기 시작했습니다."

호주에서 머물던 클레멘츠 가오리 여사는 일본 약초의 소중함과 일본 약초요법의 가능성에 대한 확고한 믿음을 안고 일본으로 다시 돌아왔다고 했다. 현재 그란 솔 나라 병원에서 환자들을 위해 약초가 들어간 건강밥상을 책임지고 있는 클레멘츠 가오리 여사는 사람들이 약초를 아무 쓸모없는 잡초인 것으로 오해하고 화학약품으로 만든 제초제를 마구 뿌려 약초도 죽이고 토양도 망치는 것이 너무나 안타깝다고 말한다.

"예전에는 일본이 대가족 사회였기 때문에 약초에 관한 지식들이 자연스럽게 자녀들에게 전승되었습니다. 하지만 지금은 핵가족 사회이기 때문에 이러한 지식들이 잘 전승되지 못합니다. 그래서 저는 이러한 지식을 많은 사람들에게 널리 알리기 위해 현재 약초 아카데미도 운영하고 있고, 여러 권의 약초와 약선 요리와 다양한 채소를 활용한 건강요리법에 대한 책도 쓰고, TV 방송 출연도 열심히 하고 있습니다.

아주 오랜 고대부터 일본의 울창한 숲 속에는 기묘한 약초의 효능을 가진 임산물들이 상당히 많이 있었습니다. 일본의 고대 신화에 의하면, 혼돈의 검푸른 드넓은 바다에 검푸른 물결만 넘실거리던 태초에 남신(男神)인 이나자기와 여신(女神)인 이자나미가 하늘의 뜻을 받아 거대한 창으로 바닷물을 휘저어 일본 열도를 창조합니다. 그 때 일본의 가장 큰 섬인 혼슈를 비롯해서 수많은 크고 작은 섬들이 만들어지고 일본 열도를 뒤덮은 태초의 숲속에는 무수히 많은 식물들이 자리를 잡게 되었죠.

숲 속의 표고버섯

 일본 열도는 북쪽의 홋카이도에서 시작해서 남쪽의 오키나와에 이르기까지 한대·온대·아열대 기후를 모두 아우르기 때문에 아주 다양한 식생대를 갖고 있어요. 그래서 일본의 숲속에는 신비로운 약초와 기묘한 효능을 가진 임산물들이 아주 풍부하게 있습니다. 그런데 그 중에서 현대인의 면역력 강화에 대단히 뛰어난 효능을 가진 임산물이 있는데, 그것은 바로 표고버섯입니다."
 "표고버섯이라고요?"
 "네, 그렇습니다. 표고버섯을 최초로 발견해서 학명을 붙인 사람은 영국의 학자입니다. 그런데 이 분이 표고버섯을 최초로 발견한 장소는 일본의 깊은 산속이었습니다. 영국의 학자가 붙인 학명에는 첫 단어가 'Lentinula'로 시작하는데 이것은 '부드러운'이란 뜻이죠. 그리고 두번째 단어가 'Edodes'인데 이것은 '에도 시대'라는 의미가 들어 있어요. 즉 표고버섯은 '에도시대 사람들이 즐겨먹던 부드러운 임산물'이란 의미를 내포하고 있는 겁니다.
 그리고 숲속에서 자연 상태로 자라던 표고버섯을 지금처럼 '톱밥을 이용한 현대적인 표고버섯 재배법'을 최초로 개발한 사람도 일본인이에요. 1936년에 처음으로 연구심이 뛰어난 가타지마 박사가 '톱밥을 이용한 현대적인 표고버섯 재배법'을 최초로 시도했고, 1943년에 모리 박사가 그 기술을 더욱 발전시켰고 결국 1949년에 가와무라 씨가 특허를 획득했어요."

"아, 그렇군요!"

"만약 인류가 표고버섯을 인공으로 재배하는 방법을 개발하지 못했다면 표고버섯은 유럽인들이 캐비아(철갑상어 알)·푸아그라(거위의 간)와 함께 '세계 3대 진미' 중 하나로 여기며 '땅속의 다이아몬드'라고 칭송하는 송로버섯(트러플) 만큼이나 고가의 버섯이 되었을 거예요. 유럽의 고급 미식 요리에 들어가는 송로버섯과 비슷한 향기를 가진 표고버섯은 '숲속의 보약'이라고 칭송할 만큼 인체에 좋은 성분들이 많이 함유되어 있어요.

특히 일본에서 표고버섯은 일본 음식 특유의 감칠맛을 내는 천연 조미료 성분인 구아닐산이 들어 있기 때문에 일본인들이 다시마와 가쓰오부시와 함께 아주 선호하는 요리 재료입니다.

그래서 중국에서는 송이버섯은 대수롭지 않게 여기는데 반해, 표고버섯은 대단히 중요하게 여긴답니다. 중국에서 명나라를 건국한 주원장이 개국공신이 저장성에서 구해 온 귀한 표고버섯으로 만든 요리를 먹고 그 짙은 향기와 맛에 대단히 감탄했는데, '깊은 심산유곡에 은둔하던 노인이 100세까지 장수했는데 그 비법이 표고버섯'이라는 이야기를 듣게 되었어요. 그래서 그 후부터 명나라 태조인 주원장이 먹은 표고버섯 요리가 '장수채(長壽菜)'라는 궁중요리로 발전되었죠.

그리고 청나라 시대에는 표고버섯으로 만든 이 요리가 건륭제의 잔칫상에 오를 정도로 아주 귀한 대접을 받았답니다. 그래서 중국에서는 표고버섯이 버섯의 대명사로 사용되고 있어요. 중국에서는 표고버섯을 '향기가 나는 버섯'이란 의미를 가진 '향구'라고 부르는데 이 단어는 버섯을 대표하는 단어로도 사용하고 있어요. 그래서 표고버섯은 향기로 사람의 마음을 안정시키는 '아로마 테라피'로 활용되기도 했답니다.

이처럼 수많은 중국인들이 '숲 속의 불로초'로 칭송했던 표고버섯은 미국의 식품의약국인 FDA에서 오랜 연구를 통해 〈10대 항암식품〉으로 선정했죠.

표고버섯이 이처럼 세계적인 슈퍼 푸드로 선정된 가장 큰 이유는, 인체의 건강 유지에 가장 중요한 핵심인 '면역력을 활성화시키는 중요 성분'인 베타 글루칸이 풍부하게 들어 있기 때문입니다.

표고버섯에 들어 있는 베타 글루칸은 인체내에서 대단히 우수한 항암작용, 항바이러스 작용, 항염작용, 항산화작용을 하기 때문에 '신이 내려준 천연 항생제'라는 칭송을 들을 정도로 탁월한 면역력 활성화 성분이에요. 표고버섯 속에 함유된 풍부한 베타 글루칸은 인체의 면역력을 수호하는 대식세포, NK세포, T임파구(T세포)의 기능을 높여 줍니다.

특히 2025년에 노벨생리의학상을 수상한 오사카 대학의 사카구치 시몬 석좌교수 때문에 T임파구의 기능이 세계적인 주목을 받고 있어요. T임파구는 모두 4가지 종류가 있죠. 흔히 일반인들이 말하는 T임파구는 정확하게 말하면 '세포독성 T임파구'라고 합니다. 세포독성 T임파구는 인체 내에 들어온 외부의 침입자들을 직접 공격해서 사멸시키는 기능을 갖고 있어요. 그래서 군대로 말하면 최전선에서 혼신의 힘을 다해 적군과 싸우는 최정예 부대라고 말할 수 있을 것 같아요.

그런데 두 번째 T임파구가 있는데 '기억 T임파구'라고 합니다. 기억 T임파구는 예전에 세포독성 T임파구가 싸웠던 외부의 침입자를 항상 기억하고 있다가, 만약 그 침입자가 또다시 체내에 들어오면 세포독성 T임파구에게 그 사실을 재빨리 알리는 역할을 하죠.

그리고 세 번째 T임파구는 '도움 T임파구'라고 합니다. 도움 T임파구는 면역력 강화에 도움이 되는 사이토카인을 분비해서 세포독성 T임파구의 전투력을 더욱 높여주는 역할을 한답니다. 그래서 에이즈를 일으키는 HIV(인체면역결핍바이러스)가 인체내에 침입하면 도움 T임파구를 파괴

하기 시작한답니다.

마지막으로 네 번째 T임파구는 사카구치 시몬 석좌교수가 기능을 밝혀서 유명해진 '조절 T임파구'입니다. 조절 T임파구는 그동안 의학계에서 잘 알지 못했던 자가면역질환의 발병에 대단히 중요한 역할을 수행하는 T임파구입니다.

사실 T임파구는 치명적인 암세포나 바이러스의 공격으로 부터 인체를 24시간 내내 지켜주는 강력한 경호시스템이죠. 그런데 이처럼 고마운 T임파구이지만 T임파구의 기능이 지나치게 강해지면 오히려 인체를 해치는 강력한 무기로 변하게 됩니다. 그럴 때 발생하는 자가면역질환에는 류마티스 관절염, 아토피 피부염, 궤양성 대장염과 크론병, 제 1당뇨병, 갑상선 항진증과 저하증, 원형 탈모증, 건선, 백반증, 전신 경화증, 강직성 척추염, 전신홍반 루푸스 등이 있어요.

그동안 의학계에서는 이러한 'T임파구의 반란'의 정확한 원인에 대해 잘 모르고 있었어요. 그런데 오사카대학의 사카구치 시몬 석좌교수에 의해 이러한 자가면역질환들이 조절 T임파구에 의해 치료될 수 있다는 사

표고버섯을 테마로 한 산책로

실을 알게 되었죠."

"아! 그렇죠. 아마도 T임파구의 기능에도 과유불급(過猶不及)이라는 옛 선인들의 가르침이 유효한 것 같네요."

2025년 가을에 노벨생리의학상을 수상한 사카구치 시몬 석좌교수의 연구 성과는 자가면역질환의 치료뿐 아니라 암치료에도 대단히 밝은 서광을 비춰주고 있다. 왜냐하면 인체내 면역 조절에 대단히 중요한 역할을 수행하는 조절 T임파구의 기능을 억제해서 '더욱 강력한 힘을 가진 면역 항암제'를 개발할 수 있는 길이 열렸기 때문이다.

"잘 아시다시피 일본은 동 아시아 최초로 유럽의 선진 과학기술을 체계적인 학문으로 연구한 오랜 역사를 갖고 있는 국가가 아닙니까?

일본은 이미 에도시대 이전부터 유럽의 카톨릭 국가들과 다양한 교류를 했죠. 특히 약초학에 아주 조예가 깊은 전문가이면서 일본 최초의 약초원을 직접 개설했던 도쿠가와 이에야스와 그 분의 후손들이 대대로 쇼군이었던 에도 시대에는, 유럽의 프로테스탄트 국가인 네델란드의 우수한 과학과 의학기술을 배우는 학문인 난학(蘭學)을 연구하는 일본인 학자들이 수만 명이 넘었죠.

그래서 일본은 기초과학의 뿌리가 아주 깊고 또 기초 의학의 체계도 대단히 튼튼하게 구축되어 있어요. 그 덕분에 일본에서는 노벨 물리학상 수상자가 12명이고, 노벨 화학상 수상자가 9명이고, 노벨 의학상 수상자도 6명이나 배출되었죠. 이것은 '아시나 최대의 노벨상 수상' 기록이고, 21세기에 들어서는 미국에 이어 '세계 2위의 노벨상 수상 국가'라는 명예를 얻은 것이랍니다.

일본은 이러한 유구한 의학의 역사와 표고버섯에 대한 심도 깊은 연구를 바탕으로 해서 1986년에 '일본 최초로 면역계를 조절하는 신물질'인 AHCC를 개발했어요.

40년 전에 도쿄대학과 (주)아미노업이 공동 개발한 신물질인 AHCC로 만든 건강기능식품은 현재 세계 최고의 암 전문 치료 병원인 미국 텍

사스의 MD 앤더슨 암센터와 유럽의 유수한 병원은 물론이고 한국의 유명 병원에서도 환자들을 위한 면역력 강화와 조절에 뛰어난 효능을 발휘하는 것으로 권장되고 있어요.

사실 면역력은 인체가 건강을 유지하기 위해 필수불가결한 요소이죠. 특히 인류의 건강을 침해하는 최대의 적인 암의 예방과 치료에 있어서 인체의 면역력 강화는 절대적이라고 할 수 있지 않습니까?

비록 건강한 사람이라고 하더라도 매일 수많은 발암물질과 접촉하고 있으며 그 결과 인체내에는 5,000개 내외의 암세포가 매일 생성됩니다. 그런데도 우리가 암에 걸리지 않고 건강하게 살 수 있는 가장 큰 이유는 체내의 면역계가 제대로 작동해서 혈액 속의 NK세포, T임파구, B임파구, 대식세포 등이 외부에서 침입한 바이러스나 암세포를 격퇴하기 때문이죠.

그래서 인체를 온갖 외부 침입자들로부터 단단하게 지켜주는 가장 듬직하고 충직한 병사들인 면역계를 강화하는 약리작용이 뛰어난 AHCC는 자연이 선물한 천연 신물질이라고 할 수 있습니다.

현재 미국 실리콘밸리의 억만장자들이 안티에이징을 위한 장수 산업에 많은 투자를 하고 있어요. 요즘 가장 각광받고 있는 오픈 AI의 최고 경영자인 샘 울트먼을 비롯해서 구글의 전 CEO인 에릭 슈밋과 아마존 창업자인 제프 베이조스까지 세포 노화를 역전시키고 수명을 연장하는 장수 산업에 6조가 넘는 천문학적인 금액을 투자했죠.

그런데 진정으로 중요한 것은 '단순히 장수하는 것이 아니라 몸과 마음이 건강한 상태로 장수하는 것'이지 않습니까?

그런데 몸과 마음이 건강한 상태로 젊음을 유지하면서 장수하기 위해서는 무엇보다도 면역력이 탄탄해야 합니다. 인체는 나이를 먹게 되면 면역계도 함께 노화가 되죠. 그리고 노화된 면역계가 제 역할을 못하고 무너지게 되면 젊음과 건강은 동시에 무너집니다. 그렇기 때문에 우리의 젊음 유지와 건강 수명을 늘리기 위해서는 면역력을 생생하게 해서 활력이 넘치게 유지하는 것이 대단히 중요하답니다."

현재 전 세계 30개국의 유명 병원에서 환자들의 면역력 강화를 위한 건강기능식품으로 각광받고 있는 AHCC에는 면역계에서 대단히 중요한 T임파구를 활성화시키고, 암세포의 분열을 억제하고, 바이러스의 증식을 제어하는 작용을 돕는 성분이 함유되어 있다. 그리고 일본에서 오랫동안 연구한 표고버섯에서 추출한 대단히 신비로운 '천연 면역력 조절 기능 강화 물질'인 AHCC에는 세포막을 손상시키고 노화를 촉진하는 활성산소를 제거하고 동맥경화를 일으키는 혈중 콜레스테롤을 제거시키는 에리타데닌 성분도 함유되어 있다.

그래서 매년 전 세계에서 온 수백 명의 의사들이 참석하는 AHCC 학술대회를 성황리에 개최하고 있으며, AHCC의 다양한 효능에 대한 학술 논문들이 연이어 발표되고 있다.

그리고 AHCC는 2025년 하반기부터 새로운 변신을 시작한다. 그것은 AHCC가 병원의 환자들만 아니라 일반인들의 면역력 강화와 다양한 질병 예방을 위한 건강기능식품으로 새롭게 개발되어 시판되는 것이다.

나는 중국의 신농씨로부터 시작된 신비의 약초요법의 정신을 나라의 대자연 속에서 올곧게 이어 가고 있는 약초의 장인인 클레멘츠 가오리 여사의 향후 꿈이 궁금해졌다.

"저의 꿈은 온갖 개발과 공해와 오염으로 인해 점점 파괴되고 있는 환경을 본래의 자연으로 되돌려서 약성이 뛰어난 약초들이 많이 자랄 수 있는 아름다운 자연을 후손들에게 남겨 주고 싶어요.

저는 인간의 삶을 힘들게 만드는 다양한 질병으로부터 자신을 지킬 수 있는 건강한 심신을 유지하기 위해서는 나라 현의 우다 시처럼 울창한 숲과 약초가 가득한 곳에서 대자연의 좋은 기운을 많이 느끼는 힐링의 삶이 대단히 중요하다고 생각합니다.

그래서 저는 일본 최초의 야마토 조정을 탄생시킨 드넓은 야마토 평원과 아스카 일대를 굽어보는 높은 산과 울창한 숲속에 자생하는 영험한

▲약초 아카데미의 주방
▶▲약선요리에 들어가는 약초들
▶약차에 들어가는 다양한 재료들

클레멘츠 가오리 여사의 일본어 약선요리 책

약초들과 과일들을 채취해서 다양한 약차와 몸에 좋은 약선요리들을 연구하고 개발해 왔습니다.

　복잡하고 바쁜 삶에 지쳐 기가 소진된 많은 현대인들이 이곳에 오셔서 나라 현 우다 시의 대자연 속에 있는 생기를 듬뿍 느끼고 제가 연구 개발한 다양한 약차와 약선요리를 만드는 체험 프로그램을 통해 더욱 건강한 몸과 마음을 갖게 되기를 바라고 있습니다."

　나는 대나무숲과 울창한 삼나무들이 신선한 생기를 뿜어내는 고즈넉한 산속의 약초 아카데미를 이곳저곳 둘러보았다. 이곳이 각종 공해와 스트레스에 지치고 기가 많이 소진된 현대인들이 원기를 다시 회복하는 건강 아카데미가 되기를 기원했다.

　사찰요리와 약선요리가 많은 인기를 끌고 있는 요즈음이다. 많은 현대인들이 건강에 높은 관심을 갖고 있다. 그들에게 '일본 약초의 보고(寶庫)'인 나라의 숲속에서 청정한 기운을 간직하고 있는 클레멘츠 가오리 여사의 약초 아카데미를 권하고 싶다. 몸과 마음을 건강하게 해주는 약선요리와 약차를 체험하고 나라의 따뜻한 온천에 몸을 담근다면 진정한 힐링 여행이 될 것이다.

3. 다양한 재생의술들

우다 시가 위치한 나라 현은 꽃과 약초와 온천과 멋진 공원이 있는 힐링의 고장이다. 나라 현에서는 매월 꽃을 테마로 한 관광투어인 '야마토의 꽃 달력'이라는 프로그램이 진행되고 있고, 350만 그루의 창포를 비롯해서 벚꽃·장미·코스모스가 계절에 맞춰 피는 '꽃의 정원'인 타키나니도 있고, 도요토미 히데요시가 무척 사랑했던 벚꽃이 무려 3만 그루나 만발하는 요시노 산도 있다.

나라 현 우다 시에는 이스라엘 출신의 세계적인 조각가인 대니 카라반이 설계한 '무로산상공원 예술의 숲'이 있다. 특히 이곳에서 최고의 작품인 '나선의 수로'는 부드러운 물과 유연한 곡선의 아름다움을 보면서 깊은 사색에 잠길 수 있는 명상의 장소이다.

그리고 나라 현 요시노 군에는 해발 1,000~2,000m나 되는 고산들에 둘러싸여 있는 고색창연한 온천 마을인 도로가와 온천도 있다. 일본 특

나선의 수로

일본 온천 (© 일본여관협회)

유의 산악 신앙의 성지인 오오미네 산의 입구의 한적한 강변에 있는 도로가와 온천 마을에는 일본의 레트로 문화를 느낄 수 있는 옛날 분위기의 료칸과 카페가 있고, 맑은 천연수로 만든 '명수(名水) 커피'와 두부는

나라사슴공원 (© 나라 현)

이곳만의 이색 먹거리이다.

또한 십장생(十長生)에서 학과 더불어 장수의 상징인 사슴과 직접 교감하는 환상적인 친환경 공원인 나라사슴공원이 시내에 있고, 나라사슴공원 인근에는 아름다운 정원을 거닐면서 심신을 힐링할 수 있는 요시키엔 정원이 자리잡고 있다.

나는 이처럼 울창한 숲과 아름다운 공원과 온천이 있는 고색창연한 힐링(Healing)의 공간이자 대체의학이 활성화되고 있는 지역에서 기공(氣功) 수련을 육성하는 것도 큰 의미가 있겠다는 생각을 했다. 기공의 본고장인 중국에서는 기공이 훌륭한 대체의학으로 발전하고 있기 때문이다.

한의학의 역사를 상고해 보면 '중국 최초의 기공'인 도인양생술(導引養生術)은 처음 생길 때부터 이미 대체의학이었다.

중국의 한의학에는 신농씨로부터 유래한 '약초요법'과 신기에 가까운 침술로 유명한 편작의 '침술요법'과 전설적인 명의였던 화타의 수련법인

요시키엔 공원

'오금희'로 유명한 '도인양생술'이 있다.

도인(導引)은 기(氣)의 중요한 통로인 경락(經絡)을 자극하기 위한 다양한 동작들을 일컫고 양생술(養生術)은 '인체의 생명력인 기(氣)를 기르는 방법'이란 뜻이다.

노장사상의 위대한 스승인 장자(BC 369~BC 289)는 무병장수를 추구하던 신비로운 심신 수련법인 도인양생술에 대해 '웅경조신'(熊經鳥申, 곰처럼 일어서서 나무에 매달리고 새처럼 날갯짓을 한다)이라고 했다.

충실한 노장사상의 계승자였던 중국 전한 시대에 회남왕 류안(BC 179~BC 122)이 편찬한 백과사전인 『회남자』 정신훈(精神訓) 편에 보면 도인양생술에 대해 이렇게 묘사되어 있다.

> 그들은 곰처럼 일어서고,
> 새의 긴 목처럼 몸을 길게 뻗고,
> 호랑이가 앞발을 들고 뒤를 돌아보듯 움직인다.

삼국지의 영웅인 위(魏)나라 조조와 만난 유명한 한의사 화타가 만든 도인양생술인 '오금희'를 열심히 수련한 제자들은 아흔 살이 넘어도 눈과 귀가 젊은 사람처럼 밝았고 치아도 튼튼했다고 한다.

이처럼 노장사상가들이 무병장수를 실현하기 위해 열심히 수련한 도인양생술은 '인체의 생명력인 기(氣)를 활성화'시키기 위해 기의 중요한 통로인 경락을 다양한 동작으로 자극하는 기 수련법이었다. 흔히 '기수련'이라고 부르는 기공(氣功)의 진정한 의미는 다음과 같다.

> 생명의 에너지인 기를 배양하기 위해 공(功)을 다해 심신을 수련하는 것이다.

공(功)을 다한다는 것은 무슨 뜻일까?
그것은 온 정성을 다한다는 것이다.

일본어인 '오모테나시'는 상대방을 위해 지극한 정성을 기울이는 것이다. 그런데 기공은 자신의 건강을 위해 온 마음을 다하고 온 정성을 쏟는 것이다.

이 세상에서 건강만큼 소중한 것이 있을까?

청나라의 유학자 굴복은 건강에 대해 다음과 같은 말을 남겼다.

몸매가 아리따운 처녀는 황금 백냥이면 사고,
들판을 잘 달리는 준마는 황금 천냥이면 사고,
높은 벼슬은 황금 만냥이면 살 수 있다.
그러나 건강은 도대체 무엇으로 살 수 있으리오?

1977년, 세계 기공계에 사상 초유의 역사적인 장면이 진행되고 있었다. 중국 상하이의 중의(中醫) 연구소 소장인 임후성 박사가 대단히 주요한 실험을 한 것이다. 그것은 임후성 박사가 주도하는 기 마취 실험이었다. 그는 두 시간 남짓 진행된 갑상선 수술을 기 마취를 통해 성공적으로 끝마치게 했다.

중국 수도인 베이징의 한적한 공원. 그곳에서는 여류화가인 곽림 여사가 수많은 중국인들이 보는 앞에서 항암기공(抗癌氣功)을 지도하고 있었다. 얼마 전까지 곽림 여사는 방광까지 전이된 자궁암을 앓고 있던 암환자였다. 그런데 그녀는 대단히 절망적인 상황 속에서도 실낱 같은 희망을 버리지 않고 기공 수련에 최선을 다했고 결국 완치되었다.

기공 수련을 통해 자궁암과 방광암을 완치하게 된 그녀는 베이징의 공원에 나와서 많은 암환자들에게 항암기공(抗癌氣功)을 전수하기 시작했다. 대단히 놀라운 사실은 베이징의 공원에서 곽림 여사에게 항암기공을 수련한 암환자들 중에서 25%의 완치율이 나온 것이었다.

일본에서도 '제3의 의학'인 대체의학으로 암환자들을 치료하는 데 대단히 열정적인 의사들이 있다. 도쿄 나카노구에는 서양식 의술로 치료가 힘든 많은 환자들에게 대체의학을 열심히 보급하고 있는 와타나베 의원이 있다.

와타나베 의원에서는 공기가 맑은 자연 속에서 암환자들이 옷을 벗고 풍욕(風浴)을 하는 프로그램을 운영하는데, 이것은 기공 수련에서 체내의 탁기(濁氣)를 배출하고 대자연의 생기(生氣)를 온몸으로 흡입하는 토고납신 수련법과 일맥상통한다.

도쿄대 의학부를 졸업한 의학박사인 하루야마 시게오 건강 스포츠 의사도 어린 시절부터 배운 침술 덕분에 서양의학과 동양의학을 접목한 종합의학적인 치료로 수많은 환자들에게 좋은 반응을 얻고 있다. 그는 많은 환자들에게 뇌를 젊게 만드는 명상의 중요성을 강조하고 있다.

그의 방식은 기공에서 단전호흡과 명상을 통해 기를 모으고 순환시키는 수련법인 조식법(彫息法, 호흡을 차분하게 하는 단전호흡 수련법)과 조심법(彫心法, 마음을 편안하게 진정시키는 명상법)과 맥을 같이 한다.

종합의학은 미국 LA에 위치한 사이몬튼 암센터에서도 빛을 발하고 있다. 방사선 종양학자인 칼 사이몬튼은 자신이 운영하는 사이몬튼 암센터에서 암환자들을 대상으로 명상과 음악 테라피 프로그램을 운영하고 있다. '마음에서 생긴 온갖 병을 마음 수련으로 고친다'는 그의 생각은 '인간 내면의 감정인 5욕(식욕·수면욕·색욕·재물욕·명예욕)과 7정(흥분·분노·근심·두려움·집착·미움·욕심)이 수많은 질병의 원인이다'라는 한의학의 사고방식과 궤를 같이한다. 놀랍게도 사이몬튼 암센터에서 운영하는 이러한 대체의학적인 치료를 통해 암이 완치된 사람의 비율이 22%나 되었다는 것이다.

이러한 긍정적인 사례로 인해 대체의학의 활용 범위가 점점 확대되고 있다. 그래서 벨기에와 네델란드 국민들의 60%는 이러한 동양적인 치료법에 의료보험비를 기꺼이 지불할 용의가 있다고 했다. 또한 세계보건기구(WHO)는 자체에서 발간하는 잡지『세계건강』을 통해 "이제 동양의 전통의학들이 새로운 대체의학의 하나로 서양에서 각광을 받고 있으며 미국인의 30%가 대체의학적인 치료를 접한 경험이 있다"고 보도했다.

태생적으로 탁월한 대체의학이었던 기공에 도대체 어떤 원리가 숨어 있기에 이처럼 놀라운 의료기공(醫療氣功)의 역할을 할 수 있는 것일까? 다음 파워 스팟인 도쿄로 이동하는 내내 내 머릿속은 온통 이런 생각들로 가득했다.

세 번째 파워 스팟 힐링 여행

도쿄에서 만난 백학

1. 도쿄 유일의 츠루 파워 스팟을 가다

세 번째 파워 스팟인 도쿄 일정에는 우크라이나에서 온 의학도이자 BTS 아미인 마리나 씨가 합류하게 되었다.

2023년 여름에 한국 문화여행 안내서인 『BTS 아미 서울을 가다』를 출간한 시모넨코 마리나 씨는 우크라이나 수도인 키이우의 보고몰렛 의학대학교와 한국의 대학원에서 의학 공부를 마친 의학도이다.

한국의 대학원에서 '라이프 스타일 의학'을 공부한 그녀는 일본의 건강 음식 문화에 많은 관심을 갖고 있다. 그래서 내가 식도락의 도시로 유명한 오사카의 오래된 맛집들을 운영하는 21명의 오사카 상인들을 인터뷰한 『오사카 노포 기행』을 2024년에 출간할 때 코리아 타운의 유명한 맛집 사장님들을 함께 만나기도 했다.

내가 마리나 씨와 함께 도쿄 메구로 구(目黒区)에 있는 일본 제1의 츠루 파워 스팟을 방문하는 자리에 도쿄에서 활동하고 있는 가요코 유자와 가수가 나와서 우리를 환영해 줬다.

오사카에서 개최한 〈제1회 한일 츠루 가요제〉 최고의 히로인(Heroine)

으로 인정받은 가요코 씨는 2024년에는 탤런트가 되어 NHK에서 방영한 TV 드라마 〈오래된 카페에서 하루상의 휴일〉에 출연하면서 아름다운 세상을 만들기 위한 그녀만의 노력을 계속하고 있다.

메구로 구는 주일 외국 대사관들과 고급 주택지가 깨끗하게 조성되어 있는 도쿄의 격조 높은 주거지역이다. 그런데 메구로 구를 더욱 유명하게 만든 것은 매년 봄마다 도쿄 시민들은 물론이고 수많은 외국인 관광객들까지 마법처럼 불러모으는 눈부신 '벚꽃의 명소'인 메구로 강이 있기 때문이다.

메구로 강은 도쿄 서쪽의 무사시노 평야에서 발원해서 세타가야 구와 메구로 구를 거쳐 남동쪽에 있는 시나가와 구를 통해 도쿄 만으로 흐르는 강이다.

아름다운 메구로 강이 메구로 역과 나카메구로 역에서 가까운 곳에 위치한 4km 남짓되는 지역을 흐를 때는 강이라기보다는 예쁜 운하를 연상시킨다. 특히 벚꽃이 만개하는 봄이 되면 더욱 장관을 이룬다.

운하처럼 운치 있는 4km 길이의 강변에 세워진 800그루의 벚나무들이 일제히 뿜어내는 핑크빛 벚꽃 향기로 숨이 막힌다. 벚꽃의 은은한 향기가 봄바람에 물안개처럼 번지는 아름다운 강변에는 예쁜 카페, 이색적인 빈티지 숍, 멋진 레스토랑, 앙증맞은 액세서리 숍 등이 사람들의 눈길을 보석처럼 반짝거리게 만든다.

그리고 밤의 메구로 강변은 무척 낭만적이다.

메구로 강의 아름다운 야경을 즐기기 위해 산책 나온 사람들을 위해 문을 연 야시장에 들어가면 수박향이 은은한 은어구이, 구수한 이카야키(오징어구이), 육즙의 풍미가 느껴지는 야키니쿠 오니기리(불고기 주먹밥)가 왕성한 식욕을 마구 자극한다. 또 새빨간 딸기와 분홍색 벚꽃이 함께 들어 있는 앙증맞은 음료수, 봄 향기가 물씬 풍기는 벚꽃 와인, 벚꽃 유부초밥과 벚꽃 메밀소바 같은 계절 음식들이 수많은 청춘들의 발걸음을 더욱 재촉한다.

그리고 메구로 구에는 역사적인 명소가 하나 있다.

바로 쇼와시대인 1928년에 건물이 개관할 때, 수많은 일본인들이 '쇼와의 황홀한 용궁'으로 칭송할 정도로 눈부시게 찬란한 '호텔 가조엔 도쿄'이다.

이제 100년의 역사를 바라보는 호텔 가조엔 도쿄의 첫 시작은 90여 년 전인 쇼와시대에 호소가와 리키죠가 숲이 울창한 자신의 고급 저택을 개조해서 귀빈들에게 오모테나시(마음을 다 바쳐 지극정성으로 손님을 접대하는 일본인 특유의 정신)의 마음으로 일본의 전통요리를 제공한 '도쿄 최고급 연회장'인 메구로 가조엔이었다.

현재 '호텔 가조엔 도쿄'가 위치하고 있는 일대는 언덕 주변으로 숲이 울창한 매사냥터였다. 그래서 에도시대부터 에도(도쿄)에 머물던 많은 다이묘들이 가신들을 이끌고 이곳으로 말을 타고 달려나와 매사냥을 즐기곤 했다.

그런데 이곳에는 후지산이 멀리 바라다보이는 가파른 언덕이 있다. 후

호텔 가조엔 도쿄

지산은 일본인들이 영험한 곳으로 숭상하는 산이다. 그래서 이 언덕길은 교우닌자카(行人坂) 이라 불린다. 이렇게 유서 깊은 언덕길 아래에다 호소가와 리키죠가 '쇼와의 용궁'이라는 찬사를 받을 정도로 호화롭고 눈부신 '도쿄 최고급 연회장'인 메구로 가조엔을 연 것이다.

그는 이 건물의 내부에 멋진 폭포와 연못을 조성하기 위해서 멀리서 수로를 건설해 미타용수(三田用水)를 끌어오는 대공사도 마다하지 않았다. 그리고 건물 내부는 일본 최고의 옻칠·조각·그림 장인들을 불러서 '에도시대 최고의 예술'을 보여주는 걸작들로 가득 채웠다.

그후 '일본 최초의 예식장'으로 변신한 이곳은 도쿄에서 일본의 전통미를 가장 잘 간직한 격조 높은 뮤지엄 스타일의 고급 호텔이자 럭셔리 웨딩홀로 발전했다.

현재 호텔 가조엔 도쿄는 60개의 스위트 룸과 23개의 연회시설과 7개의 레스토랑과 유명한 유형 문화재 건물인 〈백단계단〉(햐쿠단 가이단)을 보유하고 있다.

호텔 가조엔 도쿄 내에 있는 유일한 목조건물인 〈백단계단〉은 1935년에 건축된 '국가등록 유형 문화재'인 동시에 '도쿄도 지정 유형 문화재'이다.

호텔 가조엔 도쿄에서 〈백단계단〉은

호텔 가조엔 도쿄 내부 복도

대단히 특별하다. 이 목조건물 안에는 호화로운 연회가 열리는 7개의 방이 있는데 99개의 긴 계단으로 연결되어 있다. 5cm 두께의 부드러운 느티나무로 만든 99개의 계단으로 이어진 7개의 연회장 안은 일본의 솜씨 좋은 장인들이 섬세하면서도 아름답게 표현한 일본 전통 그림들이 가득 채워져 있다.

　에도시대의 아름다운 전통미와 화려함의 극치를 보여주는 것으로 유명한 문화재인 〈백단계단〉은 현재 계절별로 특별한 문화행사를 개최하는 고급 갤러리로 운영되고 있다. 그런데 이처럼 화려한 호텔 가조엔 도쿄도 큰 지진과 홍수로 거의 파괴되어 지구상에서 영영 사라질 뻔한 절

백단계단의 기획전 포스터

체절명의 위기를 맞은 적이 있었다. 그러나 호텔 가조엔 도쿄의 경영진은 황폐해진 건물은 물론 건물 내에 있는 수많은 벽화·천정화·조각품들의 보수와 재건을 위해 무려 1조 원이라는 천문학적인 거금을 투자하기로 결정해서 세계를 깜짝 놀라게 했다.

상상을 초월하는 1조 원이란 거금이 투입된 호텔의 재건 공사에서 사람들을 가장 놀라게 한 것은 호텔 가조엔 도쿄가 보유하고 있는 국보급 문화재 수리를 위해 무려 3천억 원이 사용된 것이다. 과연 호텔 가조엔 도쿄는 "쇼와의 황홀한 용궁"이라는 찬사가 전혀 아깝지 않은 "에도시대의 찬란한 예술을 모아 놓은 최고의 보물창고"였다. 무려 5천 점이 넘는 아름다운 예술품들을 보유하고 있었는데 그 중에서 가장 아름다운 예술품은 엄청난 분량의 나전칠기 작품들이었다.

나전칠기는 일본·한국·중국을 포함한 동아시아에만 있는 독자적인 전통예술이다. 옻나무에서 추출한 광택 나는 수지인 칠(漆)을 나무나 금속으로 만든 공예품 위에 칠해서 더욱 고급스럽게 만든 것을 '칠기'라고 부른다. 이러한 칠기공예는 3천년 전인 중국의 춘추전국시대(BC770~BC231)에 시작해서 한반도를 거쳐 일본 열도로 확산되었다.

그후 칠기공예를 더욱 발전시킨 일본은 세계적인 옻칠공예의 나라로 발전했고 결국 옻칠과 옻칠로 만든 나무그릇을 영어로 'japan'이라고 지칭하게 되었다. 즉 일본이 세계적인 '옻칠의 왕국'으로 인정받게 된 것이다. 이것은 도자기를 영어로 'china'라고 지칭하면서 중국을 '도자기의 나라'로 인정하는 것과 같은 의미이다.

그런데 수많은 칠기공예 작품들 중에서 화려함의 극치를 보이는 것은 단연코 나전칠기(螺鈿漆器)이다. 나전칠기에서 가장 중요한 재료는 바다 속에 있는 전복껍데기를 아주 얇게 갈아서 만든 영롱한 빛깔의 자개이다. 나전칠기 장인들은 영롱한 빛깔의 자개를 온갖 형태의 다양한 문양으로 만들어 나무나 금속으로 만든 공예품 위에 붙인 다음에, 그 주변을 진한 레드 와인 빛깔의 광택이 은은하게 퍼지는 옻칠로 마감해서 고급스

전복껍데기와 진주조개 껍데기

영롱한 빛깔의 자개들

럽고 화려한 예술품으로 탄생시킨다.

그래서 호텔 가조엔 도쿄에서는 눈부시게 아름다운 나전칠기 작품들을 제대로 복원하기 위해 오랫동안 고심을 거듭했다.

결국 일본의 국보급 문화재를 보유한 뮤지엄 호텔인 가조엔 도쿄에서는 보석처럼 아름다운 나전칠기 작품들을 수리하기 위해 한국의 나전칠기 장인들을 도쿄로 초청하기로 전격 결정했다.

그래서 '장인 정신(쇼쿠닌 다마시)의 나라'인 일본에서 인정한 한국의 수많은 나전칠기 장인들이 88 서울 올림픽이 열리던 1988년부터 1991년까지 3년 동안 도쿄로 건너가 구슬 같은 땀을 아낌없이 흘리며 나전칠기 작품의 복원에 매진했다.

수많은 나전칠기 장인들이 투입된 8백여 개의 나전칠기 복원 작품들 중에서 최고의 압권은 사람 키만 한 백학(白鶴)들이 무리 지어 있는 모습을 나전칠기 예술작품으로 만든 고급 연회장이다. 일본의 고대 왕궁을 연상시키는 듯 화려하고 눈부신 고급 연회장 안에는 전통적인 나전칠기 기법으로 완성한 최고의 백학도(白鶴圖)가 벽면을 눈부시게 장식하고 있다.

호텔 가조엔 도쿄의 백학(白鶴) 나전칠기 연회장

"와우! 정말 대단하네요!"
"아! 너무 감동스러워서…… 숨이 멎을 것 같네요."
"여기가 도쿄 시내에 있는 호텔이라는 것이 믿어지지 않네요."
"하하! 정말 기가 막혀서 말이 나오지 않는군요. 호텔 안에 이처럼 대단한 백학(白鶴) 나전칠기 작품이 있을 줄은 꿈에도 몰랐습니다."

내가 일행과 함께 도쿄에 살고 있는 일본인과 재일교포 지인들을 이곳으로 안내하던 날. 연회장 벽을 가득 메우고 있는 거대한 나전칠기 작품과 처음 대면한 그들은 외마디 탄성을 내지르고는 그저 할 말을 잃어버렸다. 사람 키만 한 백학의 무리가 눈부신 조명 아래에서 자개 본연의 영롱한 색깔을 보석처럼 뿜어내는 광경은 그야말로 환상적이었다.

"1조 원이란 상상할 수 없는 천문학적인 거금을 투입해서 복원한 호텔 가조엔 도쿄에서 오직 단 하나의 국보급 나전칠기 작품을 선택하라면, 저는 단연코 이 방에 있는 '백학 나전칠기 작품'을 선택합니다."

03. 도쿄에서 만난 백학

한국 · 중국 · 일본을 포함하는 동아시아 3국은 고대부터 아주 독특하고 품격높은 학(鶴)을 테마로 하는 다양한 문화를 누려 왔다. 그런데 동아시아인들은 다양한 종류의 학들 중에서도 재두루미(천연기념물 203호)나 흑두루미(천연기념물 228호)가 아니라 눈처럼 새하얀 몸체를 가진 백학(白鶴, 천연기념물 202호)을 소재로 만든 예술품을 유독 선호했다.

백학을 그린 그림.
백학이 새겨진 도자기.
백학을 수놓은 한복과 기모노.
백학을 그린 병풍.
백학을 주제로 한 수많은 조각 작품들…….

이처럼 수많은 백학 관련 예술 작품들 중에서도 특히 나전칠기로 만든 학 작품은 사람들에게 남다른 감동을 안겨준다.

학은 하늘을 자유롭게 나는 새인 데 반해 나전칠기는 바닷속에 살고 있는 전복의 껍데기로 만든 것이다. 그런데 전복의 껍데기로 만든 자개를 찬찬히 바라보면 이 세상의 모든 빛이 그 속에 모두 다 들어 있는 것처럼 오묘하기 그지없다.

장엄한 일출의 황금빛 햇살.
그믐밤에 어두운 밤하늘을 찬연하게 밝히는 수많은 별빛들.
보름달의 신비로운 은빛 세례.
우유빛 은하수에서 뿜어 나오는 몽환적인 빛…….
그리고 북극의 밤하늘을 신비롭게 만드는 오로라까지.

자개의 영롱한 빛깔 속에는 이 모든 것들이 오롯이 들어 있는 듯하다. 그래서 광대한 우주의 모든 빛으로 온몸을 감싸고 있는 듯한 호텔 가조엔 도쿄의 나전칠기 백학 예술작품 앞에 서면 사람들은 그저 할 말을 잃어버린다. 그야말로 신비로운 우주의 빛이 가득 담겨 있는 듯한 나전칠기 백학 예술작품을 가만히 보고 있으면 인간의 말로는 도저히 표현 하기 힘들 정도의 벅찬 감동이 가슴 가득히 밀려 온다.

"아! 정말 이 세상의 온갖 영롱한 빛이 다 모여 있는 나전칠기네요. 이 학 작품을 단순히 백학이라고만 부르기에는 너무 부족한 것 같아요."

"오늘 저는 이 황홀한 나전칠기 예술품들을 보면서 백학을 모티프로 하는 예술을 바라보는 기존의 고정관념이 산산이 깨져 버렸습니다. 어쩌면…… 이렇게 격조 높은 예술작품을 창작할 수 있는지. 정말 경이롭네요."

호텔 가조엔 도쿄의 연회장 벽에 서 있는 나전칠기 학 작품을 난생 처음 바라보는 사람들의 눈이 마치 꿈을 꾸는 듯 몽환적이다.

이 같은 츠루(학) 테라피의 장엄한 감동을 온몸으로 느끼고 싶은 분들은 매년 새해에 호텔 가조엔 도쿄에서 숙식을 하면서 고품격 문화와 매력을 체험하는 다양한 프로그램들을 직접 체험한다.

2024년 호텔 가조엔 도쿄 새해 프로그램 안내서

2. 히비야 공원의 학 조각 분수

도쿄 치요다 구(千代田区)에 소재한 히비야(日比谷) 공원은 지금부터 120여 년 전인 1903년에 세워진 '일본 최초의 서양식 공원'이다. 이곳은 학과 관련된 대단히 중요한 무용극이 최초로 공연된 장소다. 그 공연이 더욱 의미가 깊은 이유는 일제강점기였던 1940년에 조선인 무용가와 일본인 음악가가 함께 의기투합해서 영혼을 나누며 공동 창작한 공연이었기 때문이다.

혼란스러웠던 조선시대 말기에 '고요한 아침의 나라'였던 한반도를 최초로 방문한 수많은 외국 선교사·언론인·화가들은 새하얀 두루마기를 입은 조선인들을 바라보면서 이구동성으로 이렇게 표현했다.

"검은 갓을 쓰고 긴 두루마기를 입고 수십 명 혹은 수백 명의 군중이 모여 있는데 그 모습이 흡사 거대한 학(鶴)의 군집과 같다."

또 '조용한 은둔의 왕국'을 최초로 방문한 벽안의 외국인들은 그들의 눈에 비친 가장 인상적인 장면을 이렇게 표현했다.

"마치 학을 연상시키는 길고 흰 두루마기를 몸에 걸친 채 우뚝 서 있는 조선인들이 무리 지어 있는 모습은 대단히 신기하고 무척 이국적이다!"

일제강점기에 서울에서 연희전문대학교를 졸업한 젊은 문학도인 윤동주는 일본으로 유학을 떠나야 했고 일본 유학을 허락 받기 위해서 한글 이름을 버리고 일본식 이름으로 개명까지 해야 했다.

하늘과 바람과 별을 사랑했던 청년 시인 윤동주는 시 「슬픈 족속」을 통해 한국인의 정체성을 나타내는 '백의민족의 자화상'을 이렇게 표현했다.

흰 수건이 검은 머리를 두르고
흰 고무신이 거친 발에 걸리우다
흰 저고리 치마가 슬픈 몸집을 가리고
흰 띠가 가는 허리를 질끈 동이다

도쿄 히비야 공원의 학 조각상

세계적으로 흰옷을 선호하는 민족은 무척 많다. 특히 사막의 나라인 사우디아라비아는 머리에 하얀 터번을 쓰고 발까지 길게 내려오는 하얀 옷을 지금도 입는다. 그러나 그들의 모습을 보고 '학(鶴)처럼 보인다'는 표현은 결코 하지 않는다.

그런데 왜 서양인들은 조선인들을 보고는 이구동성으로 '학(鶴)이 무리를 지어 모여 있는 것 같다'고 표현했을까? 아마도 조선이 '학의 문화를 향유하는 독특한 나라'였기 때문일 것이다.

단군조선의 건국이념이었던 '밝은 빛으로 세상을 다스린다'는 광명이세(光明理世)의 정신을 추구했던 조선인들은 유달리 흰 옷을 선호했다. 그래서 조선인들은 스스로 '백의 민족'이라는 높은 자긍심을 갖고 있었다.

아득한 고대부터 수천 년 동안 한반도에 살고 있는 백의 민족을 상징하는 유일한 새는 학(鶴, 천연기념물 202호 두루미)이다. 그래서 한반도 곳곳에는 학이란 글자가 지명이 들어간 지명이 무려 500곳 이상이 존재한다. 지리산에는 이상향의 대명사인 '청학동'이, 금강산에는 '학소대'가, 남한산성에는 '학암동'이, 남해의 거제에는 아름다운 '학동 해수욕장'이, 서해의 태안반도에는 '학암포 해수욕장'이, 동해 최북단 강원도 고성에는 학이 날아오는 드넓은 벌판인 '학야리'와 '청학정'이 나란히 위치하고 있다. 서울 강남에는 BTS의 관광성지인 '학동공원'과 '학여울역'이 있고, 서울 시내에는 '황학동'·'무학동'·'방학동'·'백학시장' 등이 있다.

학을 숭상하는 문화는 조선에만 있었던 것이 아니라 이웃나라인 일본과 중국도 공유하는 광대한 동아시아의 전통 문화였다. 그래서 백학(白鶴)의 다양한 문화를 공유하는 일본과 중국에도 학(鶴)이란 글자가 들어간 지역 명칭과 사자성어가 많이 있다.

일본 천년의 수도였던 쿄토 북쪽에는 '춤 추는 학'이란 뜻을 가진 항구 도시인 마이츠루(舞鶴)시가 있고, 간사이 지방의 중심인 오사카에는 무려 1,700년의 역사를 간직한 '학의 다리'에서 유래한 명칭인 츠루하시(학 다리)가 있고, 천황의 황태자가 타는 자동차를 특별히 '학의 수레'라는 의미를 가진 츠루 구루마라고 불렀다.

그리고 한국과 일본에서 사용하는 군계일학(群鷄一鶴)·학 미인(鶴 美人)·청학동(靑鶴洞)을 비롯해서 학과 관련된 대부분의 글자들이 모두 중국에서 유래했다. 아직 국조(國鳥)가 지정되지 않은 중국인들에게 '중국의 국조를 무엇으로 결정하는 게 좋을까요?'라는 인터넷 설문조사를 한 적이 있다. 중국의 네티즌들은 이구동성으로 1위를 '학'이라고 대답할 정도로 학은 중국에서 문화적으로 대단히 친근한 새이다.

이처럼 한중일 3국은 고대부터 학의 문화를 공유하고 서로 밀접하게 교류하면서 다양한 예술과 사상을 확대해 나갔던 '동아시아 고유의 광대한 학(鶴)의 문화권'을 형성하고 있었다.

일제강점기 시대인 20세기 초. 조선에는 학춤의 명인이 살고 있었다. 그 분의 이름은 한성준(1874~1942)이다. 충남 홍성 출신인 그는 걸출한 춤의 명인이었는데 특히 학춤을 빼어나게 잘 추었다. 그의 제자들 중에서도 아주 특출한 학춤 무용가가 배출되었는데 그의 이름은 조택원(1907~1976)이었다.

북한 함흥 출신인 조택원의 학춤은 그야말로 청출어람(靑出於藍)이었다. 그가 학춤을 추는 것을 보면 마치 살아 있는 야생의 학이 우아한 구애의 춤을 추는 것처럼 감동스러웠다.

그런데 조택원은 1927년에 일본의 유명한 무용가인 이시이 바쿠(1887~1962)의 공연을 보고 감동을 받아 도쿄로 건너가서 그의 제자가 된 특이한 이력의 무용가이다. 한성준으로부터는 조선의 학춤을 전수받았던 조택원은 세계적인 무용가였던 이시이 바쿠로부터는 서양식 발레를 본격적으로 배우기 시작했다.

이시이 바쿠는 일본 아키타 현 출신의 세계적인 무용가였다. 어린 시절에 발레를 배운 이시이 바쿠는 유럽 유학을 다녀온 후에 도쿄에서 근대 무용을 가르쳤고 또 해외 각국을 순회하면서 많은 공연도 했다.

그는 조선인 무용가를 제자로 가르쳤는데 바로 세계적인 여성 무용가로 성장한 최승희였다. 조택원은 두 번째로 그의 제자가 된 조선인 무용가인 셈이다.

조택원은 한국의 학춤을 '한일 최초의 합작 무용극'으로 만들겠다는 남다른 구상을 하기 시작했다. 러시아의 차이코프스키(1840~1893)가 백조를 소재로 해서 아름다운 발레 작품인 '백조의 호수'를 창작한 것처럼 백학을 소재로 40분 동안 공연하는 '한일 최초의 합작 무용극'인 〈학〉을 창작하기로 결심한 것이다.

그 당시로서는 아주 놀라운 발상이었다. 그는 아름다운 4계절인 봄·여름·가을·겨울을 백학의 다양한 동작으로 표현하는 안무를 창작했다. 배경 음악은 일본의 유명한 작곡가인 다카기 도로쿠(高木東六, 1904~2006)에게 작곡을 의뢰했다.

일본 돗토리 현 출신의 다카기 도로쿠는 프랑스 유학을 다녀온 일본 근대 음악의 선구자였다. 조택원의 창의적인 열정에 반한 다카기 도로쿠는 함께 마음을 나누기 시작했고 곧 '한일 최초의 합작 무용극'인 〈학〉의 음악을 작곡하기 시작했다.

지구상에 사는 수많은 새들 중에서 가장 아름답고 우아한 춤을 추는 새는 바로 학이다. 학은 조류들 중에서 가장 많은 60 종류나 되는 다양한 몸짓 언어를 갖고 있다. 20여 종류의 몸짓 언어를 갖고 있는 원숭이보다도 3배나 많은 것이다. 그렇기 때문에 학춤은 서양의 고전 발레인 '백조의 호수'처럼 현대적인 공연예술로 창작하기에 무척 안성맞춤이었다.

1940년. 모든 준비를 다 끝낸 두 예술가

히비야 공원

는 도쿄 히비야 공원 내에 있는 히비야 공회당에서 가슴 설레는 첫 공연의 막을 올렸다.

'한일 최초의 합작 무용극'인 〈학〉이 히비야 공회당에서 초연을 했을 때 도쿄의 수많은 문화예술가와 유명 인사들은 물론이고 조선의 마지막 황태자였던 영친왕(1897~1970)과 그의 일본인 부인인 마사코(한국 이름: 이방자, 1901~1989) 여사도 함께 관람했다.

히비야 공원의 아름다운 연못가에는 그때 도쿄의 조선의 학춤 명인과 일본의 작곡가가 함께 마음을 모아 창작한 최초의 무용극 '학'을 기념하기 위한 멋진 학 조각상이 세워져 있다.

히비야 공원의 학 조각상 분수

이 학 조각상을 보러 갈 때는 12시 전에 가는 게 좋다. 돌로 만든 학 조각상이 긴 부리에서 시원한 물을 내뿜는 분수로 변신하는 시각이 낮 12시이기 때문이다. 그래서 그 진귀한 그 광경은 오직 하루에 단 한 번밖에 볼 수 없다.

3. 영친왕의 저택에서 만난 군계일학의 한국인

한국 나전칠기 장인들의 혼이 깃든 도쿄 가조엔 호텔과 한일 두 나라 예술인들의 우정이 꿈처럼 흐르는 히비야 공원을 출발한 우리는 도쿄의 아카사카 프린스 호텔로 향했다.

도쿄의 아사카사 호텔에 왜 '프린스(Prince)'라는 명칭이 붙었을까?

그것은 이 호텔이 대한제국 마지막 황태자였던 영친왕 이은이 1930년부터 20년이 넘는 긴 세월 동안 부인인 이방자 여사와 함께 거주했던 저택이기 때문이다.

도쿄 시내가 내려다보이는 아카사카 별궁 인근에 위치한 스페인 풍의 영국식 저택으로 지어진 영친왕의 저택은 미국의 사모펀드에 팔린 후 지금은 도쿄의 화려한 호텔로 변신했다.

아카사카 프린스 호텔로 달려가는 차 안에서 재일교포 기업인 박상준 대표가 오늘 그곳에서 만날 분에 대한 이야기를 꺼냈다. 그분은 '필자가 작사하고 공정식 작곡가가 작곡한 노래 〈나는 자연인〉을 본인이 꼭 부르고 싶다'는 의향을 전해 온 분이다. 그래서 나는 박 대표가 하는 이야기에 더욱 집중해서 귀를 쫑긋 기울였다.

"이분은 그야말로 재일동포들뿐 아니라 일본인들까지도 존경하는 군계일학(群鷄一鶴) 같은 예술인입니다. 80세를 바라보는 연세에도 세계 각국을 마치 안방처럼 다니면서 현역으로 활동하시는 한국 모델계의 전설입니다. 게다가 이분은 한국 최초의 노래하는 패션 모델로 활동하면서 나훈아·남진 씨와 함께 MBC의 10대 가수상을 받은 분이죠.

광복 80주년인 금년 여름에는 중국 청도에서 개최되는 〈2025 세계 한민족 문화예술 교류 대축제〉에서 공연을 하고 왔고, 가을에는 뉴욕의 UN본부에서 〈UN의 날 축하! 한국 의상쇼〉를 준비하고 있고, 한인 프랑스 이민 140주년인 내년에도 〈파리 패션쇼〉를 준비하고 있습니다.

이분은 1967년 당시 KBS에서 활동하시던 작곡가 선생님으로부터 노래 실력을 인정받아 가수로 처음 활동을 시작했습니다. 그런데 이분이 1974년에 개최된 〈제1회 대한민국 패션모델 선발대회〉에서 일약 1등을 하면서 한국 패션 모델계의 선두 주자로 활동하게 되었죠.

〈2025 세계 한민족 문화예술 교류 대축제〉

그런데 이분이 지금처럼 해외동포들에게 큰 관심을 갖게 된 것은 1991년에 MBC와 북한이 공동 주최한 '남북한 최초의 사할린 동포를 위한 합동 문화 공연'에 출연한 후부터입니다. 그날 그분은 4만여 명의 동포들이 가득 들어찬 사할린 경기장의 특설 무대에 올라가서 노래 〈사할린의 눈물〉을 열창했습니다. 그런데 그 순간, 사할린 경기장을 가득 메운 동포들이 그분이 열창하는 감동적인 노래를 들으면서 온통 눈물 바다를 이

03. 도쿄에서 만난 백학 125

〈UN의 날 축하! 한국 의상쇼〉

루었습니다. 그리고 노래가 다 끝난 후에도 사할린 동포들은 기립박수와 환호로 앵콜을 열렬히 외쳤답니다.

그날 사할린 동포들의 감동과 눈물을 보고 나서는 해외에서 살고 있는 동포들에 관심을 갖게 되었다고 해요. 특히 일제 강점기 시대를 거치면서 일본과 중국과 러시아는 물론이고 저 멀리 미주와 유럽에까지 흩어져야 했던 해외동포들에게 남다른 마음이 들었다고 해요. 그래서 80세를 바라보는 지금까지도 해외동포들에게 한국의 전통 노래와 한복의 아름다움을 전하는 진정한 한류 가요 패션 행사를 진행하고 계십니다."

이분의 성함은 김종훈. 현재 그는 국제모델 총 연합회(IMPA)의 회장이다. 김종훈 회장이 한국의 노래와 한복의 아름다움을 알리기 위해 지난 50년 동안 전 세계 180개 국가를 순회하면 공연한 기록은 그야말로 기네스 기록에 등재되어야 마땅할 정도이다. 지금의 한류는 이러한 문화 예술인들의 부단한 노력이 뒷받침되었기에 가능한 것이 아닐까?

잠시 후, 우리는 도쿄의 중심인 치요다 구(千代田)에 있는 아카사카 프린스 호텔의 커피숍 안으로 들어섰다. 커피숍 안에는 마치 고고한 학(鶴)

같은 군자(君子)의 풍모를 지닌 노신사가 앉아 있었다.

달콤 쌉쌀한 커피의 향기가 피어오르는 탁자 앞에 앉은 필자는 김종훈 회장에게 가장 궁금한 질문을 먼저 했다.

"저는 남진 씨와 나훈아 씨가 한창 활동하던 1970년~1980년대에 각종 TV의 쇼 프로그램에서 그분들과 함께 노래를 부르고, 대기업의 유명 신사복 모델로 활발하게 활동하던 모습을 지금도 생생하게 기억하고 있습니다.

그런데 아무리 100세 시대라고 하지만, 여든을 바라보는 이 연세에도 '노래하는 현역 패션 모델'로 일본은 물론이고 중국·미국·프랑스를 마치 안방처럼 드나들면서 가수와 패션쇼 모델로 활동하시는 모습을 보니, 그야말로 '한국 패션 모델계의 살아 있는 전설'이라는 말이 무색할 지경입니다. 회장님의 이러한 나이를 잊은 왕성한 활동은 지금 경제적 어려움과 여러 가지 삶의 역경 속에서 좌절하고 절망하는 젊은 세대에 커다란 귀감이 되는 것 같습니다.

회장님께서 지난 50년 동안 전 세계 180개 국가를 순회하면서 그토록 활발하게 한국의 노래와 문화를 알리는 글로벌 문화외교 활동을 한 원동력은 무엇이라고 생각하십니까?"

그러자 김종훈 회장은 입가에 온화한 미소를 지으면서 자신의 생각을 천천히 들려주기 시작했다.

"제가 처음 일본에 왔던 1970년대에는 한국은 후진국을 갓 벗어난 개발도상국이었는데 반해, 일본은 이미 아시아 최고의 선진국이었습니다. 특히 일본은 1964년에 도쿄올림픽을 개최하고 1970년에는 오사카 엑스포를 개최하면서 일본의 독특하면서도 다양한 문화가 세계인의 관심을 단숨에 받았죠.

그러나 고대 일본에 최초로 불교를 전해 준 나라는 백제였고, 수많은 백제의 승려와 학자와 장인들이 일본 최초의 수도인 아스카(飛鳥)·일본 불교 부흥의 중심이었던 나라·오사카·교토에서 많은 활약을 했습니다. 그리고 도쿠가와 이에야스가 지금의 도쿄에 에도(江戶) 막부를 세웠던 시대에도 조선의 문화 외교 사절단이었던 수많은 조선통신사들이 일본 열도 곳곳을 지나가면서 다양한 문화교류의 씨앗을 뿌렸습니다. 즉, 일본의 문화 속에는 한반도에서 건너간 우리 선조들의 아름다운 예술과 멋진 문화가 들어 있는 겁니다.

그래서 저는 이미 1970년대에 패션쇼를 통해 전통 한복의 아름다움을 일본인들에게 당당하게 알렸고 한국의 대중가요를 열심히 불렀습니다. 그리고 1980년대에 나훈아·조용필·패티김 등의 가수들이 일본에 진출해서 한류의 소중한 씨앗을 함께 뿌리기 시작했죠. 또한 그러한 발판 위에서 계은숙 씨가 도쿄에 들어와 수많은 일본의 언론 방송사 관계자들 앞에서 노래를 부르면서 일본 주류사회를 감동시켰어요.

이것은 대단히 중요한 사실입니다. 왜냐하면 한민족은 지구상 어느 곳으로 이주해서 살더라도 세계인들이 매력을 느낄 수 있는 문화와 예술을 갖고 있기 때문입니다.

우리가 부르는 아리랑, 우리가 입는 전통 한복, 우리가 먹는 발효음식들……. 이런 것들 모두가 세계인들의 관심을 모을 수 있는 대단히 독특한 문화 콘텐츠입니다. 그래서 저는 일본을 비롯해서 한국 동포들을 위해서 공연을 했지만, 이런 사실을 깨닫고 나서는 한국 동포는 물론이고 해외 여러 나라 사람들까지 염두에 두고 글로벌한 문화 프로그램을 만들었어요."

김종훈 회장에게는 자신의 꿈을 실현할 두 개의 날개가 있었다. 하나는 KBS 작곡가가 인정하고 가수 데뷔를 강력하게 권유할 정도로 노래를 잘 부르는 천부적인 재능이었다. 그리고 또 하나는 영화배우처럼 수려한 용모였다.

그래서 그는 1969년에 가수로 활동을 시작할 수 있었다. 그리고 1974년에는 국내 최초로 개최된 〈제1회 대한민국 패션모델 선발대회〉에서 500대 1의 치열한 경쟁을 뚫고 단숨에 1등으로 선발되면서 패션모델계의 새로운 별로 혜성처럼 등장했다.

이렇게 해서 두 가지 재능을 모두 발휘할 수 있는 발판을 마련한 그는 KBS TV·MBC TV·TBC TV의 모든 쇼 예능 프로그램에서 '한국 최초의 노래하는 패션모델'로 활동했고, 제일모직·캠브릿지·한일합섬 같은 유명 대기업의 신사복 모델 섭외 1순위로 되었고, 은막의 스타인 장미희·이효춘·정애리 등과 함께 CF모델로도 활발하게 활동할 수 있었다.

"제가 지금 가장 큰 관심을 갖고 있는 분야는 자연을 사랑하는 K-정신입니다. 우리의 전통정신 속에는 자연을 아끼고 자연을 사랑하는 자연 친화적인 사상이 충만합니다.

조선시대 선비였던 송순이 지은 시조인 '십년을 경영하여 초가(草家) 세 칸 지어내니. 나 한 칸, 명월(明月) 한 칸에, 청풍(淸風) 한 칸 들여놓고. 청산(靑山)은 들일 데가 없으니 둘러두고 보리라'는 자연 친화적인 사상은 지금도 유효합니다. 그래서 〈나는 자연인이다〉라는 TV 프로그램이 지난 십여 년 동안 꾸준하게 사랑을 받고 있는 게 아닐까요?

사실 현대 사회가 점점 더 디지털화되면서 대단히 바쁜 삶을 살고 있는 현대인들에게는 아름다운 월든 호숫가에 작은

〈나는 자연인〉 악보

오두막을 짓고 살았던 헨리 데이빗 소로우의 삶이 하나의 로망이기도 하죠. 마이크로소프트를 창립한 세계적인 재벌인 빌 게이츠도 자신의 생각을 정리할 시간이 필요할 때는 1주일씩이나 작은 오두막에 들어가서 생활할 정도로 많은 사람들은 자연 속에서 새로운 힘을 얻습니다.

그래서 저는 이번에 발표할 〈나는 자연인〉에 큰 기대를 걸고 있습니다. 저는 이 노래를 통해서 오랫동안 자연을 사랑했던 선조들의 정신과 아름다운 문화를 널리 알리려고 합니다."

필자는 일본을 비롯해서 해외에서 K 컬처를 알리는 일에 앞장서고 있는 군계일학 같은 노신사가 패션계의 후배들과 함께 노래 〈나는 자연인〉을 열정적으로 부르는 멋진 모습을 많은 사람들이 보게 되기를 기대하는 것만으로도 마음이 흡족해졌다.

4. 순천만에서 만난 흑두루미 이야기

아카사카 프린스 호텔에서 군계일학의 노신사인 김종훈 회장과 헤어진 우리는, 호텔 가조엔 도쿄의 조용한 카페에서 가요코 가수를 만났다. 함께 차를 마시던 가요코 가수가 진지한 음성으로 말문을 열었다.

"작가님! 유튜브에 보니까 그동안 작가님께서 작사하시거나 직접 작곡에 참여한 곡들이 40여 곡이나 되고. 또 중국어, 일본어, 영어로 제작한 뮤직비디오들도 많이 있던데. 어떻게 해서 음악 작업에도 이처럼 깊이 몰두하게 되셨어요?"

"그게 다 학(鶴) 때문입니다."
"학 때문이라고요?"
"네."

2014년 가을.

나는 순천만의 갈대숲으로 홀연히 내려갔다. 그 당시 나는 학과 관련된 한중일의 설화들을 채집하고 글을 쓰기 위해 전국을 답사하던 중이었다. 그런데 남해안의 순천만은 일본 큐슈 최남단

순천만의 흑두루미

인 이즈미로 월동을 하기 위해 이동하는 흑두루미의 중간 기착지이면서 한반도 최남단에 있는 흑두루미(천연기념물 228호)의 최대 월동지였다.

물론 순천만에서 새하얀 학인 두루미(천연기념물 202호)를 볼 수 없는 것이 조금 아쉽기는 했지만 검은 학(玄鶴, 흑두루미)을 탐조하는 일이 음악적으로는 꽤 의미있는 일이었다. 고대부터 학은 음악과 관련이 깊은 조류였기 때문이다.

학을 한국어로는 두루미, 일본어로는 츠루, 프랑스어로는 그루(grue), 라틴어로는 그루스(grus), 스페인어로는 그룰라(grulla)라고 부른다. 그런데 학을 이렇게 부르는 데는 한 가지 공통점이 있다. 각 나라 사람들이 학의 울음소리를 그들의 언어로 듣고는 학의 이름을 정했다는 것이다.

학은 부리만 긴 것이 아니라 발성기관도 다른 새들에 비해 상당히 길면서 마치 코일처럼 말려 있다. 그래서 학의 울음소리는 마치 관악기에서 내는 소리처럼 대단히 크고 멀리 간다.

아득한 고대에 학의 독특한 울음소리를 들은 사람들은 자기들이 인식한 학의 울음소리를 학의 명칭으로 정하기 시작했다. 즉 한국인들은 학의 울음소리를 '두루'로, 일본인들은 '츠루'로, 프랑스인들은 '구루'로 스페인 사람들은 '구룰스'라고 들은 것이다.

전 세계에 살고 있는 15종류의 학 중에서도 흑두루미는 고대부터 음악

순천만 정원에서 정준작가의 학춤

과 대단히 깊은 스토리를 갖고 있는 특별한 새이다.

만주 벌판에서 한반도 북부까지 광활한 영토를 갖고 있던 고구려는 학이 많이 날아오는 북방의 왕국이었다. 그런데 '검은 학의 전설이 깃든 신비의 악기'인 거문고가 고구려의 유명한 음악가에 의해 발명되었다.

고대 전설에 의하면 고구려의 음악가였던 왕산악이 어느 날 새로운 악기를 만들기로 결심했다. 좋은 악기를 만들기 위해 오랫동안 연구를 거듭하던 왕산악은 새로 만드는 악기의 아래판은 밤나무로 만들고 윗판은 감나무로 만들기 시작했다. 그리고 그 악기의 몸체에 16개의 나무받침(괘)을 설치하고 고운 명주실 6개로 나무받침 사이를 연결했다.

각고의 노력 끝에 악기가 완성되던 날. 왕산악은 6개의 명주실 위에 긴 나무 막대기(술대)를 살며시 올리고 떨리는 심정으로 첫 연주를 시작했다. 그러자 그 악기에서 마치 학의 울음소리처럼 깊은 울림을 느끼게 하는 장중하고 박력 있는 소리가 나오기 시작하는 게 아닌가. 왕산악은 새로운 악기의 신비로운 소리에 심취해서 서서히 연주에 몰입했다.

그런데 이게 웬일이란 말인가. 악기에서 나오는 학의 울음소리에 빠져 연주에 한창 몰입하던 그가 잠시 고개를 들어 무심코 옆을 바라보는데 자신의 좌우에 검은 두루미들이 날아와서 춤을 추고 있는 거였다. 너무나 황홀한 모습에 감동한 왕산악은 그 자리에서 벌떡 일어나 검은 두루미의 날갯짓에 맞춰 너울너울 춤을 추었다.

왕산악은 자신이 만든 악기의 최초 명칭을 '검은 두루미'를 의미하는 현학(玄鶴)과 '악기'를 의미하는 금(琴)을 합쳐서 〈현학금(玄鶴琴)〉이라고 불렀다. 그 악기가 바로 백악지장(百樂之丈, 모든 악기 중에서 으뜸)이라는 의미를 갖고 있는 거문고다.

순천만 갈대숲에서 정준작가의 학춤

순천만에 도착한 나는 곧장 해안선을 따라 광활하게 펼쳐진 갈대숲으로 향했다. 그런데 순천만 갈대숲으로 향하는 길목에 대단히 아름다운 정원이 새롭게 조성되고 있는 게 아닌가. 그곳에서 일하는 분들에게 물어 보니 '대한민국 최초의 국가정원'인 순천만 국가정원 공사를 하는 것이라고 했다.

그런데 드넓은 정원 한가운데에 학 모습을 한 초대형 예술 작품이 푸른 가을 하늘 아래 두 날개를 펴고 있는 게 아닌가. 창공을 응시하며 두 날개를 활짝 펼친 거대한 학은 금방이라도 하늘 높이 비상하려는 것처럼 감동스러웠고 학의 가슴 아래에 있는 갈색의 둥지에는 학의 둥근 알이 있는 듯했다.

잠시 후. 나는 아름다운 가을꽃과 관목과 잔디를 심고 있는 순천만 국가정원 뒤쪽으로 곧장 연결된 순천만 갈대숲으로 걸어 들어갔다. 기기묘묘한 꽃들이 지천으로 피어나 화려한 색상을 마구 뽐내는 봄의 들판도 아름답지만 붉은 단풍과 짙은 갈색의 낙엽과 아직 푸른 잎들과 국화가 공존하는 가을의 들판도 참으로 좋았다.

모든 자연이 새롭게 태어나는 봄의 들판이 황홀한 축제장 같다면 자연의 오묘한 색채를 모두 가슴에 안은 채 말없이 미소 짓고 있는 가을의 들판은 영혼을 촉촉하게 만들 만큼 몽환적이었다.

해맑은 가을 햇살을 받으며 키를 훌쩍 넘는 갈색의 갈대숲 사잇길을 한참 걸어가던 나는 아름다운 시상(詩想)이 허공에서 내려오는 느낌을 문득 받았다.

  그 순간, 나는 울창한 갈대숲 사이에 있는 작은 나무 벤치에 앉아 펜과 공책을 급히 꺼냈다. 그리고 새하얀 공책 위에 머릿속에 뭉게구름처럼 모락모락 떠오르는 시상을 글로 재빨리 옮기기 시작했다.

  그 날 오후, 나는 해풍이 산들산들 불어오는 순천만 갈대숲 속에 홀로 앉아 순천만의 검은 두루미와 갈색의 갈대와 향기로운 가을꽃들을 모티프로 하는 시 6수를 한 자씩 꾹꾹 눌러가며 정성껏 적어 나갔다.

  며칠 후, 홍대 근처에 있는 김인효 작곡가 사무실을 찾아갔다. 김인효 작곡가는 한국뿐 아니라 대만과 일본에서도 활발하게 활동하면서 대단히 글로벌한 감각을 가진 다큐멘타리 음악가였다. 그는 가수를 꿈꾸는 제자들을 위해 수많은 곡을 작곡하고 또 음반을 내거나 무대 공연을 준비하는 제자들에게 열심히 노래 지도를 하고 있었다.

  김인효 작곡가의 사무실에서 함께 따뜻한 커피를 마시면서 남도의 순천만에 다녀온 이야기를 도란도란 나누었다. 그리고 순천만의 드넓은 갈대숲 사이로 언뜻 언뜻 보이는 흑두루미를 바라보면서 쓴 여섯 수의 시를 조심스럽게 보여주었다.

  나는 흑두루미를 모티프로 하는 노래를 만들어 흑두루미의 고장인 순천만을 널리 알리는 일을 하고 싶다는 의향을 밝혔다. 그러자 김인효 작곡가는 흔쾌히 내 뜻에 동의하면서 시를 작곡하는 의도에 맞게 조금 수정해 주면 좋겠다고 말했다.

  그날 우리는 순천만의 갈대숲과 정원의 아름다움을 알리는 노래 6곡을 제작하기로 의기투합했다. 그리고 작곡이 모두 끝난 뒤에는 김인효 작곡가 제자들 중에서 전도가 양양한 젊은 가수들 여섯 명에게 한 곡씩 나눠 주어 음원 녹음을 하기로 결정했다.

  2015년 봄. 20대의 젊은 가수 진해성과 정해진을 비롯한 6명의 가수

〈순천만 갈대숲에서〉를 열창하는 가수 진해성

들을 서울 광화문에서 함께 만나게 되었다. 광화문의 전통 식당에서 저녁식사를 겸한 첫 회의에 참석한 진해성의 매니저가 진해성의 노래가 담겨 있는 CD를 나에게 선물했다. 나는 남한산성의 학마을로 향하는 승용차 안에서 CD를 틀고 노래를 감상하기 시작했다.

나는 풋풋한 20대의 진해성의 노래를 처음으로 듣는 순간, 혼자 운전하던 차 안에서 이렇게 외쳤다.

"와! 이건 제2의 나훈아야!"

나는 너무나 감탄했다. 키 187cm의 큰 체구에서 어떻게 그렇게 꿀이 뚝뚝 떨어지는 듯 간드러지고 애절한 음색의 노래가 흘러나오는지. 진해성의 독특하고 남다른 개성이 진하게 묻어나는 노래를 다 듣고 크게 감동한 나는 이번에 순천만을 테마로 하는 노래 6곡의 작사가로만 머물지 않고 '이 음반의 제작자로 직접 나서야겠다'고 굳게 결심했다.

그리고 그해 여름, 서울 강남의 방배동 녹음실에 모인 6명의 남녀가수들은 동쪽 하늘이 훤하게 밝아오는 새벽이 되도록 땀 흘려 열창하며 노래를 열심히 녹음했다.

며칠 후, 우리 모두의 구슬 같은 땀방울과 꿈이 모여 만든 소중한 〈순천만 테마노래〉 CD가 완성되었다.

5. 마음과 몸의 건강을 위한 인체의 원리—'기(氣)의 순환'

아득한 고대부터 수많은 노장사상가들이 무병장수를 위한 신비의 수련법으로 생각했던 도인양생술(導引養生術)과 태극권(太極拳)이 기존의 서양식 스포츠와 가장 크게 다른 점이 무엇일까?

그것은 기(氣)의 순환을 대단히 중요하게 생각하는 것이다.

그렇다면 인류 역사에서 기에 대한 최초의 담론은 어떻게 생긴 것일까? 중국 최초의 사전인 설문해자(說文解字)에는 기에 대해 이렇게 기록되어 있다.

"기는 운기(雲氣)이며 상형문자이다."

백학 암각화

고대 중국의 현자들은 사람의 눈에 보이지 않는 기를 좀 더 이해하기 쉽게 설명하기 위해 눈에 보이는 운기(雲氣, 구름의 움직임)로 표현했다.

중국 전한의 회남왕 류안(BC 179~BC 122)은 〈회남자〉에서 변화무쌍한 기의 조화를 더욱 적극적으로 묘사했다.

"음양의 기가 부딪히면 우뢰가 되고 격렬하면 벼락이 되고 어지러우면 안개가 되고 화가 나면 바람이 되고 조화를 이루면 비가 되어 내린다."

아득한 상고시대. 아직 한자가 발명되기 이전인 중국 은나라 때 거북이 등껍질에 새긴 갑골문자에서도 글자 기가 발견된다. 갑골문에서는 기를 의미하는 글자를 '三'으로 적고 있다. 기는 천지인(天地人)에 가득한 생명의 에너지이기 때문이다. 그리고 기를 뜻하는 글자 '三'이 한자가 생긴 이후에는 '氣'로 바뀐다.

노장사상의 태두인 노자(老子)는 '도덕경 42장'에서 기에 대해 이렇게 언급하고 있다.

"도(道)에서 기(氣)가 나오고 기에서 음양(陰陽)이 나오고 만물이 태어난다."

회남왕 류안은 〈회남자〉에서 노자의 도덕경(道德經)에 언급된 만물을 탄생시킨 생명의 에너지인 기에 대해 더욱 자세히 설명했다.

"우주는 기를 낳았다. 가볍고 맑은 기는 위로 솟아올라 창공이 되었고 무겁고 혼탁한 기는 아래에 뭉쳐 거대한 대지가 되었다. 허공을 유유자적하게 떠돌던 음양의 기가 서로 만나 삼라만상을 만들었다."

중국의 도인양생술에서 말하는 '생명의 에너지'인 기는 성경에도 언급되어 있다. 창세기 2장 7절에 다음과 같은 기록이 나온다.

"여호와 하나님이 생기(生氣)를 그 코에 불어넣으시니 사람이 생령이 된지라."

장자(莊子)는 이렇게 말했다.

"사람의 태어남은 기의 집합이다. 기가 모이면 삶이 되고 기가 흩어지면 죽음이 된다."

이처럼 동양과 서양의 위대한 현자들은 기는 암흑으로 가득한 우주만물을 가득 채우고 있는 거대한 에너지인 동시에 흙과 같은 물질에 불과한 인체를 살아 숨쉬게 하는 근원적인 생명의 에너지로 표현하고 있다.

그러면 지금부터 인체를 살아 숨쉬게 하는 근원적인 생명의 에너지인 기에 대한 이해의 폭을 더욱 넓히기 위해 자동차와 사람의 몸을 비교해서 생각해 보기로 하자.

만약 전혀 움직이지 않고 가만히 정지되어 있는 '죽어 있는 자동차'를 '살아 움직이는 자동차'로 운행하려면 운전자가 가장 먼저 시도해야 할 일이 무엇일까?

그것은 시동을 거는 행위이다.

시동이 걸려야만 연료통에 가득 채워 있는 휘발유가 엔진 안으로 들어가고, 음악을 들을 수 있고, 비가 오면 와이퍼를 작동시킬 수 있고, 야간에는 헤드 라이트를 환하게 밝힐 수 있다. 즉 시동이 걸리지 않아서 전기가 발생하지 않으면 아무리 고급 차량이라고 하더라도 그 자동차는 운행을 하지 못하는 '죽은 차'나 마찬가지이다.

자동차의 밧데리에서 나오는 전기는 가만히 정지되어 있는 자동차를 운행이 가능한 '살아 있는 자동차'로 변신시키는 생명의 에너지라고 할 수 있다. 마찬가지로 단순히 흙에 불과했던 죽어 있는 인체를 살아 숨쉬는 생령(生靈)이 되게 만드는 생명의 에너지는 생기(生氣)이다. 그래서 인체의 기는 자동차의 전기에 비유하고 '기의 심장'인 단전(丹田)은 자동차의 전기가 모여 있는 밧데리에 비유할 수 있는 것이다.

운전자가 시동을 걸면 밧데리에서 나온 전기가 전선을 따라 자동차 내부로 이동하면서 모든 계기들을 잘 작동시키듯이 단전에서 나온 기는 경락(經絡)을 따라 인체 곳곳으로 이동하면서 모든 장기를 활성화시킨다. 만약 전선을 흐르는 전기에 문제가 생기면 휴즈가 민감하게 반응하듯이 경락을 따라 흐르는 기에 문제가 발생하면 경혈(經穴)이 예민해진다. 그래서 한의사들은 기의 흐름에 문제가 생긴 경혈을 침으로 자극하는 침술을 시행하고 지압사들은 엄지로 경혈을 자극해서 기의 이상을 올바로 잡아 주는 것이다. 한의원을 방문했을 때 한의사는 진맥을 하면서 환자의 기가 '과잉인 경혈'과 '과소인 경혈'을 판단하고 침술치료를 통해 인체의 기를 조절해 준다.

그런데 자동차를 장기간 운행하면 전기가 방전되어 밧데리가 아웃되

듯이 인체도 일상생활 속에서 장기간 각종 스트레스에 노출이 되면 생기가 점점 소모되어 결국엔 번 아웃(burn out)에 빠지기도 한다. 이러한 상태를 기진맥진(氣盡脈盡)이라고 한다.

우리들의 일상 언어 속에는 기라는 글자가 들어간 문장이 무척 많다.

먼저 아침에 일어나면 우리는 자연스럽게 기지개(氣之開)를 편다. 기지개는 기 철학의 관점에서 표현하면 '밤새 막혀 있던 기를 새롭게 여는 것(開)'이다. 그리고 사랑하는 연인들은 데이트를 할 때 분위기가 좋은 장소를 찾는다. 분위기(雰圍氣)가 좋은 곳이란 '좋은 기가 주변을 둘러싸고 있는 곳'이다. 나와 기가 잘 통하는 사람과 분위기 좋은 장소에 가면 기분이 상승된다.

기분(氣分)이 좋아진다는 말은 문자 그대로 '기가 인체 곳곳에 골고루 잘 나눠진 상태'이다. 바로 기가 균형(Balance)과 조화(Harmony)를 잘 이루고 있다는 것을 의미한다. 또한 같은 부모 사이에서 태어난 형제 자매들을 동기간(同氣間)이라고 한다. 그것은 '부모로부터 같은 기를 타고 태어난 사이'라는 의미이다.

우리들이 상대방과 케미(chemistry)가 잘 맞을 때 '의기상통(意氣相通, 뜻과 기가 서로 통한다)한다'고 표현하거나 '의기투합(意氣投合, 뜻과 기가 함께 합했다)한다'라고 표현한다.

기분 좋은 일이 많이 생겨서 컨디션이 상승할 때는 '의기양양'(意氣揚揚)이라고 표현하고 기분이 좋지 않은 일들이 자꾸 생겨서 컨디션이 나쁠 때는 의기소침(意氣銷沈)이라고 표현한다.

만약 너무나 터무니없이 억울한 일을 당하거나 힘든 일을 겪게 되면 흔히 사용하는 표현이 '기가 막혀 죽겠다'이다. 즉 '기색혼절(氣塞昏絕)하겠다'라는 것이다. 또 너무나 놀라고 충격적인 일을 갑자기 당했을 때 우리는 '기절초풍(氣絕招風)할 지경'이라고 말한다. '기가 끊어져(絕) 풍(風)이 올(招) 지경'이란 의미이다. 여기서 풍은 뇌혈관에 치명적인 장애를 일으키는 중풍(中風)의 의미도 있다. 즉 한의학에서는 '뇌출혈이나 뇌경색 같은 뇌졸중(중풍)이 기의 끊어짐(氣絕)으로 초래될 수 있다'는 견해를 갖고 있는 것이다.

한의사가 환자에게 침술 치료를 하기 전에 진맥을 하면서 '기가 너무 실하다' 혹은 '기가 너무 허하다'라는 표현을 하기도 한다. '기가 너무 실(實)하다'는 것은 '기가 너무 과잉이다'는 의미이고 또 '기가 너무 허(虛)하다'는 것은 '기가 너무 약하다'는 의미이다. 또 한의사가 환자를 진맥할 때 신허요통(腎虛腰痛)이라는 표현을 하기도 한다. 이것은 '신장의 기운(氣運)이 허약해서 생긴 요통'이라는 의미이다.

밧데리에서 나온 전기가 자동차 내부를 잘 순환해야 자동차가 아무 이상없이 잘 운행되듯이 '기의 밧데리'인 단전(丹田)에서 나온 기가 경락을 따라 순조롭게 순환하면서 균형과 조화를 잘 이루어야 인체는 심신의 건강을 유지하는 항상성(恒常性)이 지속된다.

자동차가 방전이 되지 않기 위해서는 밧데리에 전기를 계속 충전해야 하듯이 인체도 기가 소진되는 기진맥진 상태가 되지 않기 위해 생기를 계속 충전해야 한다. 이것이 바로 기공(氣功)이다.

중국 동진의 유명한 한의사였던 갈홍(BC 372~289)은 자신의 저서인 『포박자』에서 기공에 대해 이렇게 가르쳤다.

"기를 수련하면 온갖 병을 고치기도 하고 돌림병을 막기도 하고 수명을 연장하기도 한다."

이처럼 노장사상가들이 수천 년 전부터 수련했던 기공은 온갖 질병으로부터 심신의 건강을 지키고 무병장수를 실현하는 신선사상(神仙思想)을 바탕으로 하는 동아시아인들의 지혜의 산물이었다.

흔히 '기 수련'이라고 부르는 기공(氣功)에는 두 가지 수련법이 있다. 하나는 정적인 상태로 수련하는 정공(靜功)이 있고 또 하나는 몸을 많이 움직이면서 수련하는 동공(動功)이 있다.

정공에는 단전호흡, 명상, 참선, 묵상 등이 있고 동공에는 흔히 말하는 기공체조, 요가, 태극권 등의 동작들이 포함된다.

나는 동아시아 3국인 한국·일본·중국에 널리 퍼져 있는 광대한 학(鶴)의 문화와 예술을 오랫동안 연구하면서 '무병장수의 상징'인 학의 다양한 동작을 아름다운 예술로 표현한 학춤이 '대단히 탁월한 기 수련'이 될 수 있는 가능성이 충분하다는 사실을 발견했다.

그래서 지난 수십 년 동안 수많은 학춤의 명인들과 오랫동안 교류하면서 학춤의 예술적인 동작들을 건강에 좋은 기 수련법인 '학춤기공'을 의료기공으로 다듬는 지난한 작업을 지속적으로 해왔다.

이렇게 해서 탄생한 것이 바로 K-학춤 테라피 요법이다.

네 번째 파워 스팟 힐링 여행

오카야마의 고라쿠엔 정원

1. 백학이 주인공인 '일본의 3대 정원' 고라쿠엔

주고쿠(中國) 지방의 중소도시인 오카야마(岡山)는 신 오사카 역에서 신칸센을 타고 서쪽으로 1시간 남짓 가면 만나는 아름다운 도시이다.

오카야마는 일본에서 지진, 태풍, 해일 같은 자연재해가 가장 적고 '일본에서 최대 일조량'을 자랑할 정도로 자연환경이 무척 좋은 지역이다. 그래서 일본인들은 오카야마를 '하레마치'(화창한 마을)라고 부른다. 남쪽의 세토내 해에서 불어오는 따뜻한 바람과 풍부한 햇살 때문에 과즙이 풍성한 탐스러운 과일들을 많이 생산하는 '일본 과일의 왕국'이다.

오키야마에서는 유달리 생육 상태가 좋은 최상급의 포도와 복숭아를 비롯한 다양한 과일들이 풍족하게 생산되고 있다. 복숭아가 얼마나 유명한지 복숭아 동자를 주인공으로 하는 전래동화가 오래전부터 전해지고 있을 정도다. 이 동화책의 제목이 『모모타로 이야기』이다.

오카야마에서는 매년 여름이 되면 모모타로(복숭아 동자)를 테마로 하는 축제인 '모모타로 마쯔리'도 열리고 있다. 또한 오카야마 역 앞 광장에는 '모모타로 이야기'의 주인공인 모모타로 동상이 세워져 있다. 꿩과 개와

▲「모모타로 이야기」 동화책
▲▶모모타로 캐릭터
▶오카야마 역 앞 광장의 모모타로 동상

원숭이를 데리고 모험을 떠나는 소년의 모습을 조각한 것이다.

오카야마 역 광장 맞은편 큰길에는 정겨운 옛날 모습의 전차가 다니고 있다. 전차에 오른 여행자들이 오카야마 최고의 관광명소인 고라쿠엔(後樂園)을 방문하기 위해서는 4번째 정거장인 '시로시타 역'에 하차해야 한다.

시로시타 역에서 고라쿠엔 정원으로 가는 길엔 일본어·영어·한글로 된 표지판들이 곳곳에 세워져 있기 때문에 한국인들은 물론이고 영어권

일본의 3대 정원인 고라쿠엔과 오카야마성
(ⓒ오카야마 현)

관광객들도 여행을 하는데 대단히 편리하다.

고라쿠엔은 '일본의 특별 명승'과 '일본의 3대 정원'으로 지정될 정도로 아름다운 일본식 전통정원이다. 특별히 고라쿠엔이 일본 내에서 명성이 높은 이유는 이곳이 백학과 대단히 깊은 관련이 있는 유서 깊은 일본 다이묘의 정원이기 때문이다.

지금부터 320여 년 전인 1700년에 조성된 고라쿠엔은 학이 살기에 몹시 좋은 환경을 갖고 있다. 고라쿠엔은 아사히카와 강 한가운데에 위치한 섬이다. 그래서 섬 주변의 강변에는 학들이 좋아하는 먹이가 풍족하게 있다. 그래서 학을 키우는 사육장도 있는데, 이곳에서는 매년 새해가 되면 백학을 하늘로 날리는 아주 특별한 새해 행사를 한다. 많은 사람들이 새해에 이곳 정원을 찾을 정도로 명성이 자자하다.

이번 오카야마 여행에는 가요쿄 씨와 마리나 씨가 함께 했고, 일본에서 30년째 살고 있는 K-POP 1세대 기획가인 박상준 대표도 동행했다.

"아니! 학을 하늘로 날리면 아주 먼 곳으로 도망가지 않나요?"

"하하! 전혀 그렇지 않아요. 고라쿠엔의 사육사들이 백학과 깊은 교감을 나누면서 오랫동안 훈련을 시켰기 때문에 땅 위로 비상한 백학은 허공을 유유히 선회하다가 다시 정원 안 잔디밭으로 내려앉는답니다."

시로시타 역에서 고라쿠엔이 있는 섬으로 들어가기 위해서는 아사히카와 강 위에 있는 긴 다리를 건너야 한다. 그 다리 이름이 츠키미바시(鶴見橋)인데 '학을 보는 다리'라는 의미이다. 다리 이름만 보아도 고라쿠

오카야마의 학 우체통

엔이 학과 대단히 깊은 관련이 있는 정원이라는 사실을 쉽게 알 수 있다.

오카야마는 동양의 신선사상에 나오는 이상향을 지향하는 고장이다. 서양에서는 사람들이 살고 싶어하는 이상향을 '파라다이스'라고 부르지만 동양에서는 '청학동'이나 '무릉도원'이라고 부른다.

'청학동(青鶴洞)'은 문자 그대로 '푸른색 깃털의 학이 날아오는 신선이 사는 동네'를 의미한다. 오카야마에는 '청학동'처럼 푸른 깃털의 학이 날아오지는 않지만 '백학을 하늘로 비상시키는 일본 제1의 정원'인 고라쿠엔이 있다. 그래서 고라쿠엔이 있는 오카야마는 사람들이 살고 싶어하는 이상향인 '청학동'과 무척 잘 어울리는 고장이라고 할 수 있다.

오카야마는 사람들이 무척 살고 싶어하는 이상향인 '무릉도원'을 연상시키기도 한다. 중국의 고사를 살펴보면 무릉도원은 '맑은 물이 흐르는 계곡이 있고 분홍색 복숭아 꽃이 만발한 언덕에 아름다운 선녀들이 사는 마을'이다. 기온이 따뜻하고 일조량이 풍부하고 일본 최상품의 복숭아가 생산되는 오카야마는 일본의 무릉도원이라는 생각이 들 정도로 무척 살기 좋은 지역이다.

매년 새해가 되면 고라쿠엔 안에는 '신년 학(鶴) 날리는 특별한 행사'를 보기 위해 수천 명의 오카야마 시민들과 관광객들이 긴 줄을 이루며 대만원을 이룬다. 고라쿠엔에 모인 그들은 모두 다 학의 힘찬 비상을 촬영하기 위해 카메라와 스마트폰을 손에 들고 있다.

도쿄돔보다 3배나 넓은 5만 평의 고라쿠엔 정원에서 가장 높은 곳은 유이신잔 산이다. 마치 작고 귀여운 언덕처럼 생긴 유이신잔 산의 정상에 오르면 드넓은 고라쿠엔 정원이 한눈에 들어온다.

아름다운 3개의 연못.

작은 다실과 정자들.

일본의 전통극인 노(能)를 공연하는 멋진 무대가 있는 엔요테이 건물.

넓은 정원 곳곳에 조성된 아름다운 꽃밭과 숲과 차밭.

고라쿠엔은 마치 신선들이 거니는 정원처럼 환상적이다.

고라쿠엔은 바로 옆에 있는 오카야마 성(일명 까마귀성)의 다이묘가 휴식과 손님맞이를 위해 1700년에 조성한 힐링의 장소였다.

그래서 오카야마의 다이묘는 고라쿠엔이 잘 보이는 장소에 손님을 맞이하는 엔요테이 건물을 지었다.

엔요테이에서 바라보는 고라쿠엔의 전체적인 분위기는 노장사상(老莊思想)에 나오는 '신선의 문화'를 느낄 수 있도록 조성되어 있다.

고라쿠엔을 산책하는 멋진 '백학(白鶴) 한 쌍'

고라쿠엔은 오솔길과 수로를 따라 유유자적 걸으면서 정원 곳곳에 심어진 나무와 꽃들이 사계절의 변화에 따라 새롭게 바뀌는 경치를 감상하는 '일본의 전통적인 회유식 정원'으로 유명하다. 그리고 앞서 말한 것처럼 학을 하늘 높이 날리는 아주 특별하면서도 감동적인 신년행사 때문에 고라쿠엔을 더욱 특별하게 생각하게 된다. 필자도 매년 신년마다 학의 상서로운 기운을 온몸으로 느끼기 위해 고라쿠엔을 방문했다.

'신년 학 행사'는 사육장의 커다란 철문이 열리고 남녀 사육사들이 백학 한 쌍과 함께 우아하게 걸어 나오는 것으로 시작된다.

"와! 신기하네요! 학이 마치 애완견처럼 사람과 보조를 맞추면서 걷는다니……."

"어쩜! 저럴 수가 있죠? 학이 목줄을 매지 않았는데도 날아가지 않는다니……."

바로 그 순간, 넓은 잔디밭 위를 천천히 산책하던 학 두 마리가 사육사의 신호와 함께 땅을 세차게 박차며 허공으로 힘차게 날아오른다.

"와우! 멋지네요!"

"어머! 정말 대단해요!"

하늘로 힘차게 날아오른 학 한 쌍은 2m나 되는 커다란 날개를 활짝 편 채 고라쿠엔 위의 허공을 멋지게 선회한다. 드넓은 고라쿠엔 안은 수 천 명의 사람들이 동시에 내지르는 탄성과 카메라 셔터 소리로 가득 찬다.

"스고이(대단해)!"

"와!"

허공으로 솟구친 백학 한 쌍은 고라쿠엔의 파란 하늘 아래를 멋지게 날다가 다시 잔디밭 위로 살며시 내려앉는 환상적인 광경을 여러 차례 보여주었다.

잠시 후. 또 다른 한 쌍의 백학이 새로운 사육사들과 함께 잔디밭으로 천천히 걸어 나왔다. 그리고 새로 걸어 나온 백학 두 마리도 고라쿠엔의 허공으로 힘차게 솟아오른다.

고라쿠엔의 하늘을 비상하는 백학(白鶴)

그리고 백학 한 쌍은 커다란 날개를 활짝 펴고 고라쿠엔의 허공 위를 유유히 선회하다가 다시 잔디밭으로 내려앉는 멋진 장관을 또다시 보여주었다.

일본의 3대 정원인 고라쿠엔은 매년 새해 초에 학의 눈부신 비상(飛上)을 바로 눈앞에서 보면서 츠루(학) 테라피의 효과를 온몸으로 즐길 수 있는 일본 유일의 힐링 여행지이다.

2. 일본으로 비상한 'K-학춤'

"선생님, 안녕하세요?"
"작가님! 그동안 잘 계셨어요?"
연백색의 다다미가 길게 깔려 있는 고색창연한 오카야마의 전통찻집에서 기모노를 정갈하게 차려입은 중년 여성들이 우리 일행을 반갑게 맞이했다.

"네! 반갑습니다. 오늘 저와 함께 오카야마를 찾아온 가요코 씨는 현재 도쿄에서 활동하고 있는 여가수이죠. 옆에 있는 박상준 대표는 제가 소속되어 있는 K-POP기획사인 크리에이터 팜의 대표입니다. 그리고 금발의 아가씨는 지금 한창 전쟁 중인 우크라이나에서 한국으로 유학 온 의학도입니다."

나는 함께 온 일행을 여성분들에게 소개했다. 쌉쌀한 말차향과 예쁜 화과자의 달콤한 향기가 함께 어우러지는 예쁜 찻집에서 만난 여성들은 수 년 전에 나에게 학춤 기공을 배운 오카야마의 주부들이다.

일본 후지 TV의 여성 다이어트 기공 프로그램에 출연한 나는 2016년에 오카야마의 휘트니스 센터에서 회원들을 대상으로 하는 건강 특강을 개최했다.

그 당시에 나를 초청한 오카야마의 휘트니스 센터 대표는 K-학춤의 명칭을 일본인들이 쉽게 이해할 수 있는 '학 요가(츠루 YOGA)'로 홍보를 했다. 나는 휘트니스 센터 회원들을 대상으로 태극권과 K-학춤 시범을 보이고 새로운 학 단전호흡법과 학 명상법도 가르쳤다.

그때, 나는 오카야마에 살고 있는 제자들에게 이런 당부를 했다.

"오카야마에는 '매년 신년에 학을 하늘로 날리는 행사를 하는 일본 유일의 정원'인 고라쿠엔이 있지 않습니까? 게다가 오카야마는 무릉도원을 연상시키는 '일본 제1의 복숭아의 고

"학 요가" 강습 포스터

장'이지 않습니까? 그래서 오카야마가 노장사상의 신비로운 힐링의 문화를 전하는 '일본 최고의 건강 문화 도시'가 되면 참 좋을 것 같습니다. 그러니 여러분들께서 저에게 배운 K-학춤 테라피 요법을 통해 심신을 건강하게 잘 유지하시기 바랍니다. 그래서 무병장수의 상징인 백학의 소중한 건강 문화가 더욱 널리 알려질 수 있도록 노력해 주시면 대단히 고맙겠습니다."

그렇게 해서 오카야마의 주부들 중에 K-학춤을 꾸준하게 수련하는 제자들이 생겼다.

"저는 그 당시 직장에서 받는 스트레스로 인해 두통과 극심한 불면증에 시달리고 있었어요. 그런데 작가님께서 가르쳐 주신 K-학춤 테라피를 열심히 했더니 머리가 맑아지고 잠도 잘 자게 되었어요. 그래서 이제는 더 이상 불면증을 치료하는 약의 도움 없이 달콤한 숙면을 취하고 있답니다. 정말 감사드려요!"

아키코 씨가 만면에 미소를 머금으며 자신의 경험담을 이야기했다. 그러자 옆에 있던 30대 주부인 마에키 씨도 찻잔을 살며시 내려놓으며 입을 열기 시작한다.

"저는 육아와 가사를 하면서 맞벌이까지 해야 했어요. 그러다 보니 갖가지 만성통증으로 너무나 오랫동안 힘들었답니다. 목과 어깨는 말할 것도 없고, 척추통증과 골반통증도 굉장히 심했답니다. 그런데 작가님에게 배운 K-학춤 테라피를 통해 비틀어진 척추를 바로잡았고 경직된 근육도 굉장히 유연해졌어요. 지금은 제가 예전보다 훨씬 건강해졌다고 남편과 식구들이 몹시 좋아한답니다."

"제 경우에는 40대 중반에 갱년기가 찾아오면서 정신적으로나 육체적으로 엄청나게 힘들었답니다. 게다가 저는 해외출장이 잦은 무역회사의 중간 관리자였기 때문에, 이중 삼중으로 힘들었죠. 그런데 정말 중요한 것은 제가 마음과 몸에 통증이 찾아왔을 때 '그것을 풀 수 있는 방법을 이제는 알고 있다'는 사실이에요.

두통이 심할 때는 어떻게 해야 하는지, 요통이 올 때는 어떻게 해야 하는지, 감기 기운이 있을 때는 어떻게 해야 하는지, 그동안 작가님으로부터 배운 K-학춤 테라피를 통해 그럴 때 대처하는 방법을 잘 알고 있기 때문에 이

오카야마 제자들의 K-학춤 강습 기념사진

제는 해외출장 중에도 아무런 약의 도움이 없이 컨디션을 최상으로 관리할 수 있어요.

그래서 저는 몸에 어떠한 통증이 와도 당황하지 않고 '작가님께 배운 방법으로 적절하게 대처할 수 있다'는 게 정말 좋았어요. 특히 사업으로 인해 받는 과중하고 복잡한 스트레스를 해소하고 머리를 맑게 하고 마음을 편안하게 유지하는 데 K-학춤 테라피가 굉장히 큰 도움이 되었어요."

이제 50대 중반에 접어드는 노부코 여사가 편안한 미소를 짓는다.

3. K-학춤 테라피의 효능

K-학춤 테라피에서는 장자가 가르친 토고납신(吐古納新)을 몹시 중요하게 여긴다. 장자의 지혜로운 가르침을 적은 각의편(刻意篇)에 보면 무병

장수를 위한 호흡법의 핵심을 이렇게 가르쳐 주고 있다.

토고납신. 이것은 '오랫동안 묵은 탁한 기운을 몸 밖으로 배출하고 신선한 기운을 몸 안으로 받아들인다.'는 의미를 갖고 있다.

기공(氣功)은 일반적으로 '기 수련'이라고 칭하는데 '기(氣)에 공(功)을 들인다'라는 의미를 내포하고 있다. 즉 생명의 에너지인 기를 배양하기 위해 정성을 다해서 수련하는 것을 말하고 있다.

기공에는 3조(三調)가 있는데 여기서 조(調)라는 것은 인체의 잘못된 부분을 바르게 조절한다는 의미를 갖고 있다.

기공의 3조 중에서 조신(調身)은 태극권이나 기공체조처럼 몸의 상태를 올바르게 조절하는 동작을 의미한다. 그리고 조심(調心)은 '마음의 상태를 고요하고 편안하게 조절한다'는 의미인데, 바로 명상(meditation)을 뜻한다. 마지막으로 조식(調息)은 '호흡의 상태를 고르게 조절하는 것'인데, 이것이 토고납신이다.

그렇다면 토고납신의 기초는 무엇일까? 그것은 단전호흡(丹田呼吸)이다. 단전은 문자 그대로 '붉은 생명력(丹)인 기가 있는 밭(田)'이다. 단전호흡은 단전으로 하는 심오한 기의 호흡법을 말한다.

정준 작가의 K-학춤 강습

단전호흡을 시작하게 되면 첫 번째로 얻을 수 있는 효능은 호흡근육을 강화시켜 노화를 늦춘다는 것이다.

인체는 나이가 들어가면서 호흡에서 대단히 중요한 기능을 수행하는 근육인 횡격막과 늑골의 근육이 서서히 약해지게 된다. 이처럼 호흡에 관여하는 근육이 약해지게 되면 들이마시는 산소의 양도 감소하고 날숨에서 내뱉는 이산화탄소의 양도 점점 줄어들게 된다. 그리고 호흡할 때마다 수축과 확장을 되풀이해야 하는 폐의 탄성도 줄어들고 폐 속에는 미처 환기되지 못한 탁한 기운의 정체가 늘어난다. 이러한 상태가 계속 지속되면 신체의 운동능력도 저하되고 노화가 가속화되기 시작한다.

더욱 심각한 것은 이러한 호흡근육의 기능이 위축됨으로 인해 기관지로 들어오려는 외부의 세균이나 이물질을 몸 밖으로 즉각적으로 배출해야 하는 기침의 효력이 시나브로 줄어들어 폐렴 발생 위험이 높아진다는 것이다.

단전호흡의 두 번째 효능은 내장의 기능이 활성화된다는 것이다.

복식호흡이란 호흡을 할 때 복부를 사용하는 호흡이다. 복식호흡은 복부의 근육 안쪽에 있는 소장과 대장은 물론 위장까지 자극하게 된다. 그래서 주기적으로 복부의 자극을 받은 내장은 무기력한 모습에서 벗어나 점점 활력을 찾기 시작한다.

복식호흡의 세 번째 효능은 흥분을 가라앉히고 마음을 편안하게 해주는 진정효과가 있다는 것이다.

인체의 자율신경은 교감신경과 부교감신경으로

K-학춤 강습을 받는 오카야마 주부들

나뉘는데 교감신경은 인체를 흥분시키는데 반해 부교감신경은 흥분을 가라앉히는 자율신경이다. 그런데 복식호흡은 자율신경 중에서 부교감신경을 활성화시킨다. 그래서 본인이 흥분했거나 신경이 날카로울 때는 두 눈을 감고 복식호흡을 천천히 하면 자신도 모르게 마음이 차분하게 가라앉게 되는 것이다.

4. 부드러움이 강함을 이긴다

노자는 발가벗고 천방지축으로 자연 속에서 마음껏 뛰어노는 어린아이를 무척 좋아했다. 노자는 어린아이들이야말로 가장 자연과 가까운 인간이라고 생각했기 때문이다.

그래서 노자는 다음과 같은 말을 남겼다.

"기를 부드럽게 해서 어린아이와 같아야 한다."

어린이 학춤 공연

노자의 이 말은 성경의 귀절을 생각나게 한다.

"너희가 진실로 어린아이와 같지 아니하면 천국에 들어갈 수 없다."

예수 그리스도는 왜 그런 말을 했을까?

어린아이들은 오염되지 않은 순수의 표상이기 때문이다.

사실 '자연'과 '순수'는 서로 무척 잘 통하는 단어이다.

우리는 "기를 부드럽게 해서 어린아이와 같아야 한다"는 노자의 말 속에서 또 다른 의미를 발견해야 한다. 그것은 부드러움이다.

노자는 자신의 글인 '도덕경'에서 부드러운 물에 대해 많은 찬사를 보냈다. 그래서 '도덕경' 제8장에 상선약수(上善若水)라는 글을 남겼다.

상선약수(上善若水)는 '최고의 선은 물과 같다'는 뜻이다.

그러나 노자가 말한 부드러움은 단순한 부드러움으로 끝나지 않는다. 부드러움이 그저 부드러움으로만 끝난다면 큰 가치가 없을 것이다. 부드러움이 존경의 대상이 되는 것은 그것이 곧 진정으로 강하기 때문이다.

흔히 부드러움이 딱딱함을 이기는 것으로 혀와 치아에 대한 비유를 들곤 한다. 사람 입안의 혀는 부드럽기 그지없고 치아는 딱딱하기가 돌덩

고라쿠엔의 봄 (ⓒ오카야마 현)

고라쿠엔 야경 (ⓒ오카야마 현)

어리와 같다. 그러나 인체가 점점 나이가 들어 노화가 진행될 때 우리의 입안에 끝까지 남아 있는 것은 과연 무엇인지 생각해 보라.

무척 딱딱하고 견고해 보이던 치아는 속절없이 흐르는 세월과 함께 하나씩 둘씩 빠지고 부러지고 없어져 임플란트나 틀니로 교체되지만 부드러운 혀는 우리가 임종하는 그 순간까지도 남아 있다.

이것이 '유능제강(柔能制剛)'의 의미이다. 부드러움이 강함을 이긴다는 뜻이다.

물은 너무나 부드러운 액체에 불과하지만 결국 커다란 바위에 구멍을 뚫고 무수히 많은 돌멩이와 자갈을 먼 하류까지 실어 나른다. 그리고 결국엔 온 세상을 다 품어 안는 넓은 바다가 된다.

노자는 우리의 몸도 이처럼 부드러워야 한다고 강조하고 있다.

어린아이의 몸을 한 번 보자. 얼마나 부드러운가!

어린아이의 몸은 부드럽기 때문에 웬만한 곳에서 넘어지거나 한 바퀴 떼구루루 구르더라도 크게 다치지 않는다. 그러나 세월이 가고 나이를 먹으면서 우리의 몸은 점점 딱딱하게 굳어간다.

당신은 호흡이 끊어지고 체온이 싸늘하게 식은 시신을 만져본 적이 있는가?

시신의 특징은 딱딱함이다.

마치 메마른 통나무처럼 딱딱하기 그지없다.

우리는 여기서 건강의 진리를 또 하나 확인할 수 있다.

부드러움은 생명을 의미하고 딱딱함은 죽음을 의미한다!

그래서 K-학춤 테라피 요법은 창공을 유유히 나르는 학의 우아하고 아름다운 동작들을 모티프로 한 대단히 유연하고 다양한 동작들로 구성되어 있다.

부록_K-학춤 테라피 ①

현대인의 '전신 무기력증'을 해소하고 '활력'을 솟구치게 하는
〈K-학춤 테라피 5분 건강법〉

세계적인 기후 온난화로 인한 강렬한 자외선 노출, 각종 공해와 오염으로 인한 초미세먼지의 급증, AI를 비롯한 급격하게 발전하는 디지털 환경으로 인한 전자파 공해의 증대, 그리고 각종 화학 첨가물이 포함된 상업적인 가공식품과 패스트푸드로 인해 현대인들은 젊은 시절부터 가속노화의 위험에 노출되어 있다.

결국 이러한 열악한 환경적인 상황들은 우리의 심신을 젊은 나이 때부터 각종 암 · 심장질환 · 뇌 혈관질환 · 당뇨병 등에 시달리게 하는 촉매 역할을 하고 있으며, 아울러 심신의 건강 관리에서 대단히 중요한 역할을 하는 인체의 면역력을 심각하게 손상시켜 각종 독감 바이러스와 감기 바이러스로 인한 심각한 폐질환과 패혈증을 일으키는 돌이킬 수 없는 질환의 원인이 되기도 한다.

그래서 이 책에서는 심신의 면역력이 극도로 저하된 상황인 번아웃(BunOut)의 늪에 빠져 잘못된 가속노화의 길을 가고 있는 현대인의 자연 치유력을 상승시키는 K-학춤 테라피의 비법을 소개하고자 한다.

번아웃에 빠져 심신이 무기력해진 상황을 의료기공에서는 '기진맥진(氣盡脈盡) 하다'라고 표현한다. 문자 그대로 '기가 다하고 맥이 다했다'는 의미이다.

우리는 어머니의 자궁 속에 10개월 동안 머물면서 평생 활기차게 살아가는데

꼭 필요하고도 소중한 원기(元氣)를 수여받는다. 이것은 자동차가 공장에서 처음 출고될 때 자동차의 엔진을 작동시키는 강력한 밧데리를 장착하는 것과 같은 것이다. 그런데 운전자가 자동차를 극도로 나쁜 환경 속에 오랫동안 노출하거나 너무 험하게 마구 사용하면 밧데리 속의 전기가 모두 방전되어 시동조차 걸리지 않게 된다. 이것은 인체가 기진맥진한 상황과 똑같다.

만약 자동차의 전기가 완전히 방전되어 시동조차 걸 수 없는 상황이 되면 운전자는 어떤 조치를 내려야 하는가?

충전을 해야 하지 않을까?

이번에 소개하는 〈K-학춤 테라피 5분 건강법〉은 '전신의 무력감'을 느끼고 건강에 적신호가 켜진 현대인의 피로한 심신을 '생기왕성'하고 '활력'이 넘치게 상승시키는 학춤 氣 요가 기공의 핵심 비법이다.

〈K-학춤 테라피 5분 건강법〉을 할 때 가장 중요한 사항은 자신이 창공을 자유롭게 날아오르는 한 마리 백학(白鶴)이라는 마음가짐을 갖고 모든 동작을 진행하는 것이다.

a. 날개 올리기

1. 두 다리를 어깨 너비로 벌리고 선 자세에서 천천히 들숨을 하면서 두 팔을 마치 학의 큰 날개처럼 부드럽게 위로 들어올린다.

2. 천천히 날숨을 하면서 두 팔을 마치 학의 큰 날개처럼 부드럽게 아래로 내린다. 그런데 이때 오른손은 배 앞으로 내리고 왼손은 허리 뒤로 가게 내린다.

3. 위의 동작을 4회 반복한다.

b. 날개 열기

1. 두 다리를 어깨 너비로 벌리고 선 자세에서 두 손바닥을 바깥쪽으로 향하게 한 뒤 천천히 들숨을 하면서 두 팔을 마치 학의 큰 날개처럼 부드럽게 위로 들어올려 두 손바닥이 서로 마주 보게 한다.
2. 천천히 날숨을 하면서 두 팔을 마치 학의 큰 날개처럼 부드럽게 아래로 내린다. 이때 양손이 귀를 살며시 스친 다음 양쪽 어깨 위로 가게 한다. 두 손바닥은 위를 향한다.
3. 위의 동작을 3회 반복한다.

c. 날개 밀기

1. 두 다리를 어깨 너비로 벌리고 선 자세에서 두 손등을 앞쪽으로 향하게 한 뒤 천천히 들숨을 하면서 두 팔을 마치 학의 큰 날개처럼 부드럽게 수평으로 들어올리고 손 끝은 아래를 향하게 한다.

2. 천천히 날숨을 하면서 두 팔을 마치 학의 큰 날개처럼 부드럽게 위로 올린 다음 팔꿈치를 뒤로 꺾어 양손이 어깨 뒤쪽에 오게 한다. 이때 양 손목의 힘을 빼고 두 손바닥은 위를 향한다.

3. 위의 동작을 3회 반복한다.

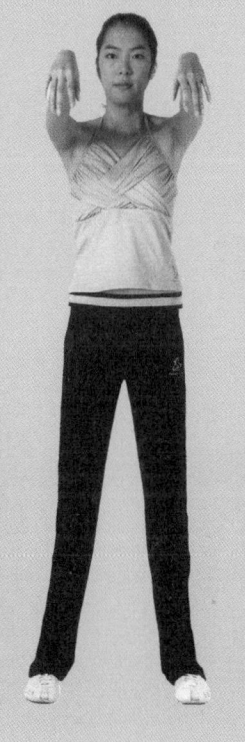 

d. 날개 돌리기

1. 두 다리를 어깨 너비로 벌리고 선 자세에서 천천히 들숨을 하면서 두 팔을 마치 학의 큰 날개처럼 부드럽게 들어올린다. 이때 오른손은 수직으로 올려서 머리 위로 보내고 왼손은 수평이 되게 들어올린다.

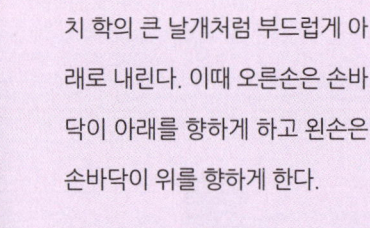

2. 천천히 날숨을 하면서 두 팔을 마치 학의 큰 날개처럼 부드럽게 아래로 내린다. 이때 오른손은 손바닥이 아래를 향하게 하고 왼손은 손바닥이 위를 향하게 한다.

3. 천천히 들숨을 하면서 두 팔을 서서히 올려 학의 날개 모양을 만든다.

4. 천천히 날숨을 하면서 두 팔을 마치 학의 큰 날개처럼 부드럽게 아래로 내린다.

5. 위의 동작을 4회 반복한다.

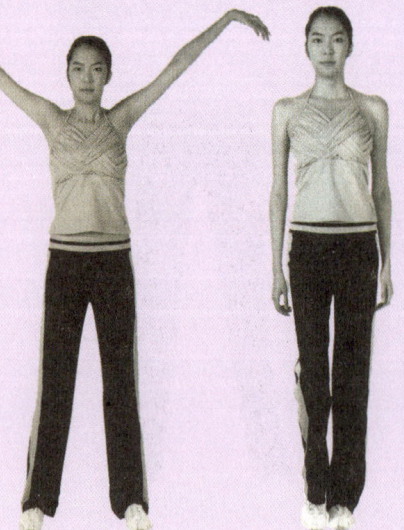

e. 날개 합치기

1. 두 다리를 어깨 너비로 벌리고 선 자세에서 천천히 들숨을 하면서 두 팔을 마치 학의 큰 날개처럼 부드럽게 들어올려 머리 위에서 합장을 한다.

2. 천천히 날숨을 하면서 두 팔을 마치 학의 큰 날개처럼 부드럽게 아래로 내린 후 합장한 손을 아랫배의 단전(丹田) 부위에 갖다 댄다.

3. 위의 동작을 1회로 마무리한다.

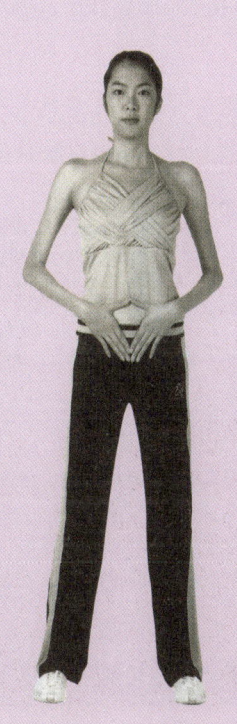

다섯 번째 파워 스팟 힐링 여행

효고 현 다카라츠카 시의 뮤지컬 극단

1. 다카라츠카 뮤지컬 공연 110주년

아름다운 무코가와 강이 유서 깊은 다카라츠카 온천 사이로 유유히 흐르는 풍요로운 전원지대에 위치한 다카라츠카 시는 대단히 독특한 매력을 뿜어내는 문화예술의 도시이다.

무코가와 강변의 다카라츠카 시

일본의 유명한 '정원수의 도시'답게 아름다운 기화요초(琪花瑤草)의 향기와 신선한 피톤치드(Phytoncide)로 가득한 다카라츠카 시는 8개의 골프장과 온천시설을 갖춘 100여 개의 호텔이 있는 힐링과 휴양의 전원도시이다.

그런데 이곳에는 인구 20만여

다카라츠카 뮤지컬 배우들의 화려한 공연

명의 다카라츠카 시를 세계적으로 빛나게 하는 보석이 하나 있다. 그리고 그 보석 속에는 일본 최고의 춤·노래·연기를 겸비하고 연중 내내 혼이 깃든 공연을 선보이는 수많은 학 미인(鶴美人)들이 있다.

아무리 멋진 수탉들이 수천 마리가 있어도 그 한가운데에 우아한 학 한 마리가 서 있다면 모

다카라츠카 대극장으로 향하는 관광객들

05. 효고 현 다카라츠카 시의 뮤지컬 극단

다카라츠카 가극단의 유명 출연진 조형물

든 사람들의 시선은 당연히 새하얀 학에게로 향한다. 그야말로 군계일학(群鷄一鶴)이다. 아름다운 예술을 구현하기 위해 자신의 모든 재능을 기꺼이 내놓고 혼신의 노력을 다하는 이들은 놀랍게도 '일본 유일의 미혼

다카라츠카 극장 방향을 알리는 화려한 그림

여성들로만 구성된 뮤지컬 극단'이다. 바로 다카라츠카 가극단.

아침에 한큐 전철의 다카라츠카 역에 내려서 가장 먼저 놀라는 것은 인구 20만여 명의 이 도시에 다카라츠카 가극단의 공연을 보기 위해 일본 전역은 물론이고 해외에서까지 찾아오는 수많은 관객들의 행렬이다.

다카라츠카 대극장으로 향하는 아름다운 꽃길에는 다카라츠카 가극단에서 공연한 유명 출연진의 조형물이 세워져 있다. 역 광장 옆의 벽면에는 다카라츠카 극장으로 향하는 방향을 친절하게 알려주는 화려한 그림이 눈에 들어온다.

독자 여러분들에게 소개하는 다섯 번째 파워 스팟인 다카라츠카 대극장으로 향하는 아름다운 꽃길에는 다카라츠카 뮤지컬 극단에서 공연한 가장 유명한 작품인 〈베르사이유의 장미〉에 출연한 유명 출연진의 멋진 조형물이 세워져 있다.

다카라츠카 대극장은 바로 옆에 다카라츠카 호텔과 다카라츠카 음악학교를 포함해서 거대한 예술타운을 이루고 있다.

〈베르사이유의 장미〉 공연 조형물

다카라츠카 대극장 입구

　다카라츠카 대극장은 2,550석의 객석에서 연중 460회의 공연을 진행하는데 놀랍게도 전석이 매진된다. 효고 현의 작은 도시에 위치한 다카라츠카 대극장에서 연출하는 아름답고 화려한 공연을 직접 감상하기 위해 일본 열도 전역과 해외에서 2백만 명이 넘는 관객들이 연중 내내 방문한다는 것은 그야말로 기적 같은 일이 아닌가?
　에도시대 이후 고즈넉한 전원도시였던 이곳을 '일본 제1의 여성 뮤지컬의 도시'로 화려하게 꽃피운 위대한 선각자가 있다. 그의 이름은 고바야시 이치조이다.
　고바야시 이치조는 한큐 전철의 창립자였는데, 그 당시 황량한 허허벌판이었던 무코가와 강변에 온천을 개발하고 다카라츠카 대극장을 짓고 다카라츠카 음악학교를 세우고 다카라츠카 가극단을 창설한 문화의 개척자이기도 했다.
　다카라츠카 대극장을 향하다 보면 허허벌판의 황무지라는 무에서 유를 창조한 위대한 문화기획가인 고바야시 이치조 회장의 흉상을 볼 수 있다.

다카라츠카 시에서도 2023년과 2024년은 매우 중요한 해였다. 왜냐하면 2023년은 '고바야시 이치조 옹 탄생 150주년'이었고, 2024년은 다카라츠카 뮤지컬 극단이 '창단 기념 공연을 한 110주년'이기 때문이었다.

한큐 전철의 다카라츠카 역에서 내린 우리 일행은 아름다운 꽃길을 따라 다카라츠카 대극장으로 걸어갔다. 차가 다니는 도로보다 조금 높은 둔덕처럼 생긴 꽃길의 왼쪽엔 아름다운 무코가와 강을 따라 상가와 고급 맨션들이 길게 이어져 있고 오른쪽엔 다카라츠카 호텔과 다카라츠카 대극장이 한눈에 들어왔다.

숨을 들이 쉴 때마다 맑은 공기 속에 들어 있는 향긋한 꽃내음과 문화의 향기가 느껴지는 듯한 꽃길을 걷다 보면 다카라츠카 대극장 입구가 시야에 들어온다.

고바야시 이치조 옹(小林一三 翁) 동상

고바야시 이치조 회장 탄생 150주년 기념 포스터

다카라츠카 호텔

유럽 궁정 스타일의 다카라츠카 호텔 로비

 잠시 후, 다카라츠카 대극장 입구에 도착한 우리는 두근거리는 가슴을 안고 입구의 로비 안으로 발걸음을 옮겼다. 화려하고 넓은 로비 안에는 다카라츠카 가극단의 오전 공연을 보기 위해 몰려든 관객들로 이미 가득 차 있고 로비 왼쪽에 있는 다카라츠카의 다양한 기념품을 판매하는 리뷰 숍도 관객들의 발길로 분주한 게 아닌가?

▶▲다카라츠카 리뷰 숍
▶다카라츠카 뮤지컬 극단 110주년 기념품
▼다카라츠카 뮤지컬 기념품

새빨간 카펫이 깔린 중앙계단

로비 안쪽에는 다카라츠카 가극단의 모든 공연이 끝난 뒤 화려한 의상을 입은 전 멤버가 관객들 앞에 눈부신 모습을 드러내는 새빨간 카펫이 깔린 중앙계단이 보였다.

다카라츠카 대극장의 무대에서 공연되는 작품은 영국 셰익스피어의 명작부터 미국 보르도웨이의 최신 작품에 이르기까지 장르 선택에 아무런 제약이 없다. 지금부터 110년전인 1914년에 초연된 작품은 일본의 전래동화인 '모모타로 이야기'(복숭아 동자 이야기)를 각색한 〈돈 브랑코〉라는 가극이었다.

지난 110년 동안의 수많은 공연들 중에서 가장 큰 인기를 누렸던 영광의 작품은 일본의 유명 만화가인 이케다 리요코 원작인 〈베르사이유의 장미〉였다.

불후의 명작인 『베르사이유의 장미』는 일본 순정 만화계의 개척자로 존경받는 이케다 리요코가 1972년에 만화잡지 『마가레트』에 연재를 시작한, 프랑스 혁명기를 배경으로 만든 작품이었다.

1970년대는 일본에서 소녀 취향의 만화에 역사적 소재를 가미하는 것을 몹시 꺼리던 시기였다. 그러나 개척자 정신을 가진 이케다 리요코는 프랑스 최대의 격변기였던 18세기 부르봉 왕조의 루이 16세와 혼인한 오스트리아 합스부르크 제국의 공주였던 마리 앙투아네트 왕비의 극적인 삶에 마음을 빼앗겼다.

그래서 이케다 리요코는 오스트리아 제국의 여제인 마리아 테레지아의 아홉째 딸이자 훗날 비운의 왕비가 되는 마리 앙투아네트 왕비, 북유럽 왕국 스웨덴 귀족 가문의 장남이자 마리 앙투아네트 왕비의 연인인 폰페르젠 백작, 왕비의 근위대장인 남장 여인 오스칼 프랑소와 드 자르제, 또 그녀를 사랑하는 앙드레 그랑디에를 주요 인물로 등장시킨 순정만화를 그리기 시작했다.

이케다 리요코의 간절한 희망은 얼마 지나지 않아 현실이 되었다. 만화『베르사이유의 장미』는 2013년까지 일본 누적 판매 2천만 부를 돌파하는 초베스트 셀러가 되었고 이탈리아와 프랑스를 비롯한 유럽의 많은 나라에 원작자인 이케다 리요코의 팬클럽이 결성되었다. 그리고 그녀는 프랑스 혁명기(1789~1794)의 격동의 역사와 문화를 전 세계에 생생하게 알린 특별한 공로를 인정받아 2008년에 프랑스 최고 훈장인 레지옹 도뇌르를 받았다. 그때 그녀는 프랑스인들로부터 만화『베르사이유 장미』를 통해 프랑스 혁명을 다시 배웠다는 극찬을 받았다.

일본 다카라츠카 가극단에서는 1974년에 만화『베

다카라츠카 가극단의 공연 포스터

르사이유 장미』를 뮤지컬로 공연했는데 2014년까지 누적 관객이 5백만 명을 넘는 사상 최대의 히트작이 되었다. 또한 다카라츠카 가극단에서는 〈베르사이유의 장미〉 공연을 위해 2005년에 서울을 방문하기도 했다. 2007년에는 한류 스타였던 배용준이 주연한 드라마 〈태왕사신기〉를 뮤지컬로 공연하기도 했다.

그런데 무엇보다도 놀라운 것은 일본의 전통에서 현대에 이르는 모든 작품들을 오직 미혼 여성들만으로 공연한다는 것이다.

"다카라츠카 대극장의 무대에 선다는 것은 정말 대단한 영광이에요. 연예인의 끼와 재능을 가진 일본 여성들에게 이곳은 정말 대단한 꿈의 무대랍니다."

'다카라젠느'로 불리는 여성 배우들은 모두 미혼 여성들로 구성되어 있고 만약 결혼을 하면 다카라츠카 가극단을 떠나야 한다.

두 눈이 부실 정도로 화려하고 아름다운 작품들을 무대 위에서 공연하는 뮤지컬 배우들은 모두 5개 조로 나뉘어 있다.

5개 조는 꽃(花)을 컨셉으로 하는 '하나구미'.

다카라츠카 음악학교 기념관

달(月)을 컨셉으로 하는 '츠키구미'.

눈(雪)을 컨셉으로 하는 '유키구미'.

별(星)을 컨셉으로 하는 '호시구미'.

우주(宇宙)를 컨셉으로 하는 '소라구미'.

그리고 이 5개 조에 속하지 않는 특별한 조가 있는데 그것은 센카라고 부른다. 센카에 속한 여성들은 노래와 춤과 연기에 아주 빼어난 재능을 가져 1인 공연에 특화된 베테랑 예술가들이다.

다카라츠카 음악학교 전시실의 한글 안내문

그렇다면 일본의 어린 소녀들이 어떻게 이처럼 빼어난 공연예술가로 성장하게 되었을까? 우리는 그 의문을 풀기위해 다카라츠카 호텔 옆에 있는 다카라츠카 음악학교 기념관으로 향했다.

녹색의 담쟁이 넝쿨이 회색의 콘크리트 건물을 서서히 뒤덮고 있는 다카라츠카 음악학교 기념관은 원래 다카라츠카 가극단의 단원이 되기 위해 입학한 여학생들을 교육시키던 다카라츠카 음악학교였다.

지금은 다카라츠카 음악학교 기념관으로 운영되고 있는데 2층에는 다카라츠카 뮤지컬 극단의 생생한 역사를 보여주는 '다카라츠카 음악학교 전시실'이 마련되어 있다.

다카라츠카 음악학교 전시실 안에는 이곳에서 땀흘려 공부했던 여학생들의 교재와 화려한 의상은 물론이고 그동안 다카라츠카 가극단이 공연했던 수많은 포스터들도 전시되어 있었다.

내가 다카라츠카 음악학교 전시실에서 가장 강렬한 느낌을 받았던 것은 그곳에서 교육을 받았던 어린 여학생들의 뜨거운 땀방울과 열정을 느낄 수 있는 좁고 가파른 계단이었다.

1층에서 2층의 다카라츠카 음악학교 전시실(구 다카라츠카 음악학교)로 올라가는 계단은 상당히 가팔랐다. 그런데 그 계단의 오른쪽 부분이 움푹 패어 있는 게 보였다. 얼마나 많은 어린 소녀들이 이 계단을 밟았을까 하는 생각이 들었다.

"아! 여기에…… 깊게 패인 자국들이 있네요?"

내 물음에 안내자가 친절하게 설명해 주었다.

"다카라츠카 음악학교에서 노래와 연기와 춤을 배우는 모든 여학생들은 이 계단을 올라갈 때 '무조건 재빨리 뛰면서 올라가야 한다'는 규칙이 있답니다. 그래서 다카라츠카 음악학교에서 수업을 받는 모든 여학생들은 누구나 예외없이 이 계단을 아주 빠른 동작으로 뛰어올라가야 했죠."

나는 좁고 가파른 계단에 깊게 패인 자국들을 천천히 한번 바라보며 마음이 뭉클했다. 자신의 재능을 믿고 미래의 꿈에 모든 것을 맡긴 어린 소녀들이 가파른 계단을 연약한 두 다리로 마치 야생의 어린 사슴들처럼 팡팡 뛰어오르며 수 년 동안 흘렸을 굵은 땀방울과 뜨거운 눈물이 떠올랐다.

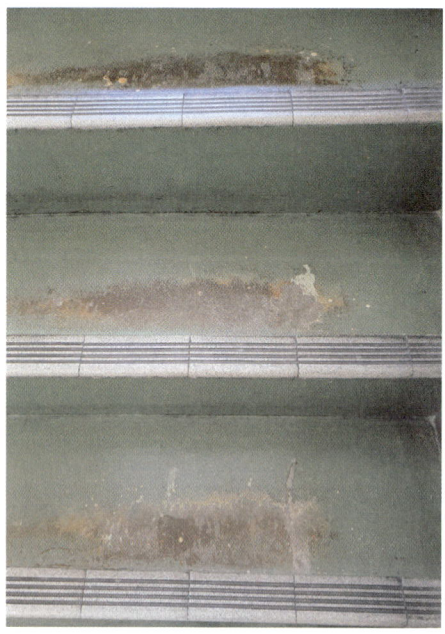

다카라츠카 음악학교로 올라가는 계단

계단의 움푹 패인 자국은 그들의 노력이 생생히 새겨진 피·땀·눈물의 흔적이었다.

그것은 아직 결정되지 않은 불안하고 불확실한 미래를 오롯이 자신의 것으로 만들기 위해 매일 매일 수도승처럼 정진한 어린 소녀들의 영혼이 선명하게 새겨져 있는 열정과 용기의 위대한 계단이었다.

매년 15~18세의 여학생들이 다카라츠카 음악학교에 입학하기 위해 일본 전역에서 신청하는 경쟁률이 무려 수십 대 1이 넘는다. 이처럼 치열한 경쟁을 뚫고 다카라츠카 음악학교에 합격하게 되면 모든 입학생들은 다카라츠카 가극단의 창설자인 고바야시 이치조 회장의 묘소에 가서 묵념과 함께 인사를 드린다.

"저는 거친 잡초와 보잘 것 없는 돌멩이 이외에는 아무것도 없는 황무지에 '일본 유일의 여성 뮤지컬 극단의 도시'를 만든 고바야시 이치조 회장의 업적을 생각하면 피렌체에 르네상스의 꽃을 피운 사업가였던 메디치 가문이 문득 떠오르네요."

나는 암흑의 중세시대에 피렌체의 은행가였던 메디치 가문이 라파엘로·미켈란젤로·레오나르드 다빈치를 비롯한 수많은 예술가들을 후원하면서 유럽의 르네상스가 꽃을 피우기 시작했던 위대한 역사가 생각났다. 역시 돈은 어떻게 버는지도 중요하지만 그것에 못지않게 어떻게 쓰는지가 더욱 중요하지 않을까 하는 생각이 들었다.

일본의 전통극인 가부키는 모든 역할을 남자가 맡는다. 그런데 다카라츠카 가극단은 모든 역할을 여자들이 맡는다. 그런데 가부키는 일본의 전통을 고수하기 때문에 과거에 머무는 경향이 있다. 그러나 다카라츠카 가극단은 일본의 전통부터 현대의 작품에 이르기까지 아무런 고정관념 없이 모든 장르를 적극적으로 수용한다.

110년 전에 첫 공연을 한 다카라츠카 가극단은 1932년에 일본의 수도인 도쿄의 히비야 제국호텔 맞은편에 도쿄 다카라츠카 뮤지컬 극장을 개관할 정도로 대성공을 거두었다. 2024년 말에는 다카라츠카 가극단이 한국 드라마 〈사랑의 불시착〉을 뮤지컬로 만들었다. 패러글라이더를 타다가 북한으로 불시착한 부유한 재벌가 출신의 한국 여성이 북한 장교를 만나 나누는 애틋한 로맨스를 감동적으로 연출한 작품이다.

이 드라마는 코로나 팬데믹 기간인 2020년에 '일본인이 가장 많이 시청한 넷플릭스 작품'이었고 일본 정부가 주최하는 '도쿄 드라마 어워드'에서 해외 작품 특별상을 받은 작품이었다. 그래서 공연산업을 선도하는 다카라츠카 가극단에서는 〈사랑의 불시착〉을 뮤지컬로 제작해서 2024년에 도쿄 요미우리홀과 도쿄 신국립극장과 오사카 우메다 예술극장에서 특별순회 공연을 했는데 마지막 공연까지 모든 표가 매진될 정도로 선풍적인 인기를 모았다.

일본 전역에서 엄격하게 선발된 미혼 여성들로만 구성된 다카라젠느들이 이처럼 세계적인 뮤지컬 극단으로 비상할 수 있었던 것은 '무에서 유를 창조하는 개척자 정신으로 가득한 위대한 문화기획가'인 고바야시 이치조 회장의 가르침을 가슴속 깊이 새기고 그것을 행동으로 실천하는 어린 소녀들의 뜨거운 열정과 담대한 용기가 있었기 때문이 아닐까?

문화를 사랑한 진정한 기업가인 '일본의 메디치'인 고바야시 이치조 회장은 이런 가르침을 주었다고 한다.

"만약 여러분들이 식당에서 신발을 정리하는 업무를 하는 '게소쿠방'이라면, 일본 제일의 '게소쿠방'이 되기 바랍니다!"

그렇다.

남들이 잘 알아주지 않고 어쩌면 무시를 당하기도 하는 아주 하찮은 허드렛일이라고 생각할지라도, 아이디어를 짜내고 열심히 노력해서 일본 제일이 될 수 있다면 그는 이미 성공의 가도에 접어든 사람이다.

그 이유를 고바야시 이치조 회장은 이렇게 말했다.

"만약 당신이 일본 제일의 게소쿠방이 된다면 아무도 당신을 게소쿠방으로 그냥 놓아두지 않을 것이기 때문입니다."

이러한 고바야시 이치조 회장의 파이오니아 정신(Pioneer Spirit)을 오롯이 이어 가고 있는 다카라츠카 가극단은 2025년부터 새로운 혁신을 준비하고 있다. 그것은 다카라츠카 음악학교 신입생을 선발했던 기존의 기준인 '용자단려(容姿端麗, 용모가 단정하고 아름다움)한 15~18세의 여학생을 뽑는 것이 아니라, '심신이 모두 건강하고 단원으로서 무대에 서기 적합한 여학생'을 선발하기로 전격 결정했다.

개성이 강하고 생기발랄한 젊은 MZ 세대의 참여를 더욱 높이고 장기적으로 다카라츠카 가극단의 새로운 도약을 위한 도전인 것이다. 세계 공연사에서 새로운 신화를 쓰고 있는 다카라츠카 뮤지컬 극단은 보다 더 다양한 성향과 재능을 가진 MZ 세대를 합류시키는 이와 같은 과감하고 새로운 변신을 통해 미래를 향한 힘찬 항해를 계속할 수 있으리라 본다. 다카라츠카 가극단의 이러한 새로운 선발 방식은 전 세계적으로 MZ세대들이 새로운 문화를 만들고 있는 시대적인 배경에 발을 맞추는 중요한 변화가 될 것이다.

다카라츠카 가극단이 추구하는 이러한 혁고정신(革故精神)은 2025년에 창단 111주년을 맞이하는 다카라츠카 가극단에서 활약하는 다카라젠느들을 더욱 세계적인 뮤지컬 단원이자 스타로 만들어 주는 발판이 될 것이다. '흐르는 물에는 이끼가 끼지 않는다'는 만고의 진리가 따로 있을까 싶다.

여섯 번째 파워 스팟 힐링 여행

오사카 부 미노 시의 힐링 숲과 미노 폭포

1. 미노 폭포로 향하는 아름다운 숲길 산책

나는 오사카에 있는 크리에이터 팜 박상준 대표의 소개로 오사카 부의 북쪽에 위치한 전원 도시인 미노 시(箕面市)의 시장을 만나게 되었다.

박상준 대표의 안내에 의하면, 미노 시장은 〈2025 오사카·간사이 엑스포〉 유치를 위해 대단히 열심히 노력한 분이라고 했다. 그리고 미노 시는 1970년 오사카 엑스포 개최의 혜택을 대단히 많이 입은 주거용 도시라고 했다.

나는 서산 시장이 선물한 서산 특산 마늘과 새싹인삼을 미노 시장에게 증정하면서 한일 양국 지자체의 다양한 문화교류에 대해 협의했고 이러한 내용은 미노 시의 공식 SNS에 의해 미노 시민들에게도 알려졌다.

1970년에 '아시아 최초의 엑스포'인 오사카 만국 박람회가 성황리에 개최되면서 그 당시 엑스포 행사 장소였던 반파쿠 기념공원 주변의 소도시들이 오사카 부 주민들의 아늑한 신흥 주거지로 새롭게 각광받게 되었다. 그렇게 된 이유 중에는 오사카의 도심을 관통하는 미도스지선이 '반파쿠 기념 공원'까지 곧장 연결되면서 지하철을 통한 접근성이 좋아진

미노 시장과의 만남

점이 많은 영향을 미쳤다.

반파쿠 공원 주변에 있는 신흥 주거지들 중에는 오사카에 거주하는 분들이 최고로 꼽는 '단풍의 명소'이며 '일본 폭포 100선'에 들어가는 천혜의 자연경관을 자랑하는 미노 시가 있다.

우리는 미노 시장을 만나고 나서 미노 시에 있는 유서 깊은 사찰인 가츠오지를 먼저 방문하기로 했다. 왜냐하면 그 사찰이 독자들에게 알려드릴 여섯 번째 파워 스팟이기 때문이다.

미노 시 남쪽에는 오사카 부의 도요나카 시와 스이타 시가, 서쪽에는 이케다 시와 다카르츠카 시가 있고, 북쪽에는 '오사카의 알프스'로 알려질 정도로 험준한 고산 지대인 도요노초가 위치하고 있다.

평소에도 주말이면 미노 공원으로 트레킹을 떠나는 분들이 '한큐 전철 미노선'에 많이 탑승한다. 그런데 단풍철이 오면 아름다운 단풍과 미노 폭포와 유서 깊은 사찰인 가츠오지가 있는 미노 공원으로 향하는 아름다운 숲길이 관광객들로 인산인해를 이룬다.

미노 폭포

특히 미노 역에 하차하면 가장 먼저 족욕탕이 관광객들을 맞이하고 '미노 폭포'로 향하는 아름다운 숲길에는 1,300년 역사를 자랑하는 오사카의 대표 가을 간식인 '단풍잎 튀김' 요리가 미각을 자극한다.

단풍잎 튀김 요리는 빨간 단풍을 의미하는 모미지(紅葉)와 튀김을 의미하는 덴뿌라를 합성해서 '모미지 덴뿌라'로 부르는데, 이색적인 모습과 은은한 단맛 때문에 대단히 인기 좋은 오사카의 가을 간식이다.

83.3ha이나 되는 넓은 면적을 자랑하는 미노 공원 내에 짙은 녹색의 울창한 숲속에 있는 수많은 단풍나무들의 가지에서 채취한 유기농 단풍잎들은 소금물에 푹 재워진 뒤에 계란과 밀가루 반죽에 잘 버무려진다. 그리고 펄펄 끓는 175℃의 기름에 튀겨지면 은은한 단맛이 배어 나오는 바삭바삭한 단풍잎 튀김 요리가 완성된다. '단풍잎 튀김'을 한 입 깨무는 순간, 청명한 하늘 빛을 머금은 오사카 숲의 진한 가을 향기가 코 끝을 스쳐간다.

사실 이곳은 오사카 사람들에겐 대단히 멋진 힐링의 명소이다.

오사카 도심인 우메다에서 불과 30여 분 만에 깊은 계곡과 아름다운 폭포와 초록의 숲 속에서 내뿜는 신선한 공기를 마음껏 마시면서 트레킹을 즐길 수 있는 이곳은 대자연이 선물한 천혜의 보석 같은 곳이다.

게다가 미노 폭포로 향하는 3km 남짓한 길가에서는 수정처럼 맑은 계곡물에서 잡은 물고기들을 긴 나무꼬치에 끼워서 숯불에 구워 팔기도 한다. 또 숲길을 걷다가 운이 좋으면 일본 원숭이도 만날 수 있고 하산길에 뜨끈한 온천과 맛있는 향토 맥주도 즐길 수 있다.

미노 역에 내린 관광객들이 청량한 미노 폭포수가 긴 계곡을 따라 흘러내리는 아름다운 숲길로 들어서는 순간, 코끝을 진하게 스치는 피톤치드의 상큼한 향기와 폐부를 가득 메우는 신선한 공기에 누구나 감동한다. 해발 600m 높이까지 이어지는 청명한 숲길에서 최고의 하이라이트는 단연 미노 폭포이다.

미노 시의 광활한 녹색 공원인 미노 국정공원(箕面国定公園) 내에 위치하고 있는 미노 폭포는 북쪽의 산악지역에서 흘러온 무공해 청정수를 낙차 33m의 낭떠러지 아래로 청량한 소리를 내며 낙하시킨다.

우리 일행은 미노 폭포가 가깝게 보이는 이끼 낀 바위 옆으로 천천히 다가갔다.

"와! 오사카 도심에서 가까운 곳에 이처럼 멋진 숲이 있다니…… 정말

후지산을 배경으로 백학 조형물이 있는 일본의 온천

좋군요."

"아! 신선한 산소 알갱이가 가슴속에서 하나 하나 느껴질 정도로 공기가 무척 맑네요."

"네! 이곳은 오사카 주민들뿐 아니라 가까운 고베의 주민들도 사랑하는 천혜의 힐링 숲이랍니다. 게다가 이렇게 멋진 폭포가 있으니 그야말로 트레킹과 명상과 온천을 즐기기에 최적의 장소인 것 같네요."

미노 시의 북쪽에 있는 도요노초는 '오사카의 알프스'라고 부르는 고산지역이다. 그래서 미노 시의 북쪽은 고도가 높은 산간지역이고 남쪽은 평탄한 주택지역으로 이루어져 있다.

"아! 광활한 숲으로 이루어진 천혜의 자연 공원 속에 들어오니 상쾌한 숲 내음 때문에 머리가 정말 맑아지는 느낌이에요. 공기가 맑고 고적한 숲 속에 앉아 있으니 복잡한 도쿄에서 받았던 스트레스가 모두 날라가면서 저절로 명상이 될 것 같아요."

인도의 유명한 스님인 달마대사는 참선을 오랫동안 수련하는 선승(禪僧)이었고 인도의 전통 무술인 칼라리파야트의 달인이었다. 그런데 그처럼 고명한 달마대사가 고향인 인도를 떠나 북쪽의 낯선 나라인 중국까지 간 까닭은 무엇일까.

그 당시 중국의 불교는 경전 공부를 위주로 하는 교종이 성행하고 있었다. 그런데 그는 깨달음을 얻기 위해서는 경전 공부만 능사가 아니라 참선을 통해 깨달음을 얻는 선종(禪宗)도 있다는 것을 중국인들에게 가르치기 시작했다. 그래서 달마대사는 중국 선불교(禪佛敎)의 시조가 되었고 그후에 수많은 선승들이 배출되기 시작했다.

비록 달마는 중국에서 생을 마감했지만 그의 사상은 한반도와 일본 열도에까지 전해져 한국인과 일본인들 중에서도 수많은 선승들이 생겨났다. 이러한 선불교의 오랜 전통은 오사카 부의 북쪽 산악지대에 있는 사찰인 가츠오지에도 전해졌다.

가츠오지의 대문 안으로 들어서면 보이는 안개 낀 연못 풍경

미노 폭포 북쪽에 있는 산중 사찰인 가츠오지의 대문 안으로 들어서는 순간.

"야! 대단하네요!"

"와! 이곳은 언제와도 신비롭네요."

우리 모두는 일제히 탄성을 질렀다.

대문 안에는 큰 연못이 있는데 다리 왼쪽의 연못에서 물안개가 수면 위로 자욱하게 퍼지는 모습이 마치 용궁을 연

가츠오지의 명물인 안개 낀 연못

상시킬 정도로 환상적이었다.

　가츠오지는 달마대사의 얼굴 인형인 '다루마상'과 관련이 깊은 사찰로 유명하다. 달마대사는 워낙 유명한 선승이었기 때문에 달마대사 그림도 덩달아 유명세를 탔다.

　16세기~18세기에 조선에서 에도 막부가 있던 도쿄로 파견된 조선통신사들 중에서 달마대사 그림을 가장 잘 그리는 화가로 유명한 김명국이 있었다. 그는 술을 대단히 좋아하는 화가로 유명했다. 그래서 호도 취옹(醉翁, 술 취한 늙은이)이었다. 취옹 김명국은 조선통신사로 일본에 두 번이나 파견되었는데 그가 그린 달마대사 그림을 사기 위해 일본인들이 온종일 길게 줄을 설 정도였다.

　자신의 소원을 이루고 싶은 일본인들은 가츠오지를 방문할 때 '다루마상'을 구입해서 절에 보관한다. 그래서 가츠오지 곳곳에는 자신의 소원을 기원하는 방문객들이 보관하는 '다루마상'들이 아주 많이 쌓여 있다.

'다루마상'이 쌓여 있는 가츠오지

가츠오지 곳곳에 놓여 있는 '다루마상'

우리는 가츠오지에 온 김에 주지 스님을 찾아갔다.

우리를 반갑게 맞이해 주는 가츠오지의 주지 스님은 뜻밖의 이야기를 들려주었다.

"가츠오지에는 고대부터 한반도의 스님들과 교류한 많은 자료들이 남아 있습니다. 만약 기회가 되면 그 자료들을 번역해서 한국인과 일본인들이 함께 볼 수 있는 날이 오면 참 좋겠습니다."

이처럼 깊은 산중의 사찰에 고대부터 한반도와 교류를 한 자료들이 많이 있다는 주지 스님의 말씀에 박 대표가 무척 놀란다.

"여기는 오사카 항구와 많이 떨어져 있는 깊은 산 속의 사찰인데 한반도와 많은 교류가 있었다니 참으로 놀랍네요."

정준작가와 환담을 나누는 가츠오지의 주지 스님

06. 오사카 부 미노 시의 힐링 숲과 미노 폭포

〈시텐노지 왔소〉 축제 홍보 포스터

불교가 일본에 전래된 후, 불교 부흥을 위해 가장 열정적인 활동을 한 사람은 일본 역사상 가장 위대한 인물로 손꼽히는 쇼토쿠 태자(574~622)였다. 한반도의 3국인 백제와 고구려와 신라에서 온 스님은 물론이고 중국 수나라의 스님들과도 다양한 교류를 나눈 쇼토쿠 태자는 오사카에 '최초의 관립사찰'인 시텐노지를 비롯해서 큰 불사(佛事)를 진행했다.

그 결과, 일본 국보 1호인 '목조반가사유상'이 있는 호류지와 화려한 '금당벽화'가 그려져 있던 고류지를 비롯해서 유명한 7개의 사찰이 모두 쇼토쿠 태자의 깊은 불심(佛心) 때문에 설립되었다. 이를 "쇼토쿠 태자 7대 사찰"로 부른다.

그렇기 때문에 오사카 일대에는 고대부터 한반도의 스님들과 교류를 한 역사의 흔적이 곳곳에 남아 있다. 또한 오사카에서는 오사카에 정착한 도래인들의 문화와 역사를 기념하기 위해 매년 가을에 〈시텐노지 왔소〉 축제를 대대적으로 개최하고 있다. 이런 이유 때문에 가츠오지의 주지 스님은 한국과 다양한 문화교류를 하는 것에 무척 관심이 많았다.

주지 스님은 한국에서 시행하고 있는 '세계 걷기의 날 행사'에 높은 관심을 보였다. 내가 2007년에 최초로 아이디어를 내 시작한 이래 매년 11월 11일에 지구촌의 환경과 평화를 기원하는 걷기 행사가 열리고 있다.

나는 주지 스님에게 인간의 '직립보행을 연상시키는 숫자'인 11이 유일

반기문 UN사무총장 공관의 회의 장면

국내 방송에 보도된 "11월 11일 세계 걷기의 날 행사"

하게 4회 연속되는 2011년 11월 11일 11시에 서울 광화문에서 제5회 세계 걷기의 날 행사가 개최되었고, 또 11월 11일을 세계 각국 사람들이 평화와 건강을 위한 '세계 걷기의 날'로 확대 보급하기 위해 반기문 UN 사무총장과 뉴욕의 공관에서 회의를 개최한 사실을 차분하게 설명했다.

이러한 설명을 주의깊게 경청한 주지 스님은 '다음에 기회가 되면 가츠오지 신도들과 미노 시민들이 함께 참여하는 11월 11일 세계 걷기의 날 캠페인을 꼭 개최하고 싶다'는 의사를 강력하게 피력했다.

가츠오지의 대형 다루마상

나는 가츠오지 주지 스님과 헤어져 넓은 마당을 내려오다가 그곳에서 가장 큰 다루마상을 보면서 일행을 향해 외쳤다.
"다루마상에도 학이 날아와 있네요!"
"네?"

"작가님, 다루마상 어디에 학이 있죠?"
잠시 어리둥절한 표정을 짓던 두 사람이 내 얼굴을 쳐다본다.
"하하! 다루마상의 두 눈 위에 학이 앉아 있네요."

2. 토고납신의 진정한 의미

복식호흡을 하게 되면 폐 깊숙한 곳에 들어있는 이산화탄소를 몸 밖으로 배출하고 신선한 산소를 폐 속으로 더 많이 공급하게 된다. 그런데 우리가 밖으로 배출해야 하는 혼탁한 기운에는 이산화탄소만 있는 것이 아니다.

후지산과 백학 채색 도자기

그래서 복식호흡보다 한 단계 더 발전된 단전호흡에서는 마음속에 깊숙하게 자리잡고 있는 해묵은 기운을 마음 밖으로 내보는 진정한 토고납신(吐古納新)을 시도한다. 즉 토고납신은 단순히 신선한 산소를 많이 흡입하는 단계를 뛰어넘어 우리의 마음까지 건강하게 만드는 대단히 심오한 호흡법이다.

이것은 호흡을 통한 정신적 디톡스(detox) 요법이라고 할 수 있다. 왜냐하면 토고납신에서 밖으로 배출해야 하는 혼탁한 기운은 바로 정신적인 스트레스이기 때문이다.

"인체의 평정심(平靜心)을 흐트러뜨리고 마음을 심란(心亂)하게 만드는 정신적인 묵은 기운인 스트레스에는 어떤 것들이 있을까요?"

동양 고유의 기(氣)의학에서는 인간의 5욕 7정 중에서 특히 인체의 장기에 심인성 질환을 일으키는 마음의 묵은 기운 대해 상세히 설명하고 있다. 그것은 심장의 기에 나쁜 영향을 끼치는 과희(過喜, 지나친 흥분), 간의 기에 나쁜 영향을 끼치는 분노(忿怒, 성냄), 폐에 나쁜 영향을 끼치는 우(優, 근심)와 비(悲, 슬픔), 위에 나쁜 영향을 끼치는 과사(過思, 지나친 생각), 신장에 나쁜 영향을 끼치는 공(恐, 두려움)과 경(驚, 놀람)의 감정이다.

최신 의학은 우리의 인체 속에서 다양한 질병을 일으키는 중요한 원인이 되는 정신적인 스트레스의 심대한 해악에 대해 이렇게 알려준다.

"정신적인 스트레스는 몸의 기둥인 척추를 굽어지게 하고, 탈모를 일으키고, 멀쩡한 치아를 빠지게 할 뿐만 아니라, 온갖 암을 유발시키는 강력한 원인이 된다."

이러한 부정적이고 혼탁한 감정들은 우리의 육체를 병들게 하는 것은 물론이고 마음의 병까지 일으킨다.

노장사상의 쌍두마차인 장자(BC 355~275)는 자신의 저서『장자』를 통해 기와 호흡에 관해 많은 언급을 남겼다. 중국 전국시대 송나라 몽현(夢縣, 지금의 허난성 근처)에서 태어난 장자는 남방인 특유의 시적 감수성과 직관이 대단히 뛰어난 철학자였다.

『장자』는 모두 33편으로 이루어졌는데 내편 7편, 외편 15편, 잡편 11편으로 구성되어 있습니다. 그 중〈대종사(大宗師)〉편을 보면 호흡에 대한 유명한 명언이 하나 나온다.

바로 "진인(眞人)은 발뒤꿈치로 호흡한다."이다.

"작가님, 저는 이해가 잘 되지 않는 것 같아요. 늙지 않고 오래 사는 신선(神仙)은 호흡을 가슴으로 하지 않고 발뒤꿈치로 한다니? 그게 도대체 무슨 뜻인가요."

"물론 그 문장을 처음 읽은 사람들은 크게 오해할 수 있습니다. '호흡기관인 폐가 당연히 가슴에 있는데 어떻게 발뒤꿈치로 호흡을 한단 말인가요?'라는 질문을 하기 마련이죠. 그러나 이것은 하나의 비유입니다. 그것은 제대로 된 토고납신을 하기 위해서는 '마치 발뒤꿈치로 호흡을 한다는 생각이 들 정도로 호흡하는 부위를 최대한 아래로 내려야 된다'는 의미입니다.

어머니의 모태에서 갓 태어난 어린 아기는 호흡할 때 어느 부위를 가장 많이 움직이나요? 아랫배를 가장 많이 움직이면서 호흡을 하죠. 어린 아기는 복식호흡을 선천적으로 하고 있는 것입니다.

부모가 갓 출생한 아기에게 '복식호흡을 하라'고 강요했나요? 결코 그렇지 않습니다. 그 아기는 자신의 부모에게서 호흡에 관한 아무런 교육도 받지 않았지만 자연적으로 복식호흡을 하고 있는 것입니다. 그런데 아기가 점점 성장하면서 호흡하는 부위가 어디로 이동합니까? 가슴이죠. 즉 흉식호흡을 하는 것입니다.

우리들이 일상생활 중에서 호흡하는 부위가 가슴보다 좀더 위로 올라갈 때가 있습니다. 그것은 흥분했을 때입니다. 사람들은 몹시 격분하거나 크게 흥분하게 되면 어깨가 상하로 들썩거리기 시작합니다. 즉 호흡하는 부위가 가슴보다 더 위로 이동하는 것이죠.

그런데 사람이 임종하기 직전에는 어느 부위로 숨을 쉬는 줄 아십니까? 마지막 숨이 목에서 가랑가랑하다가 코로 훅 빠져나가면서 인간은 이 세상을 떠나게 됩니다. 결국 우리 인생의 마지막에는…… 우리의 숨이 목에 붙어 있게 되는 겁니다. 그래서 인간의 생명을 '목숨'이라고 부르는 것이죠.

여기서 우리는 호흡에 관한 새로운 사실을 알아야 합니다. 그것은 우리가 호흡을 할 때 움직이는 부위가 위로 올라가면 갈수록 '저승사자를 만날 날'이 점점 가까워지는 것이고 호흡하는 부위가 점점 아래로 내려가면 내려갈수록 죽음과 멀어지게 된다는 것이죠. 그래서 장자는 '발뒤꿈치로 호흡'할 정도로 호흡하는 부위를 아래로 내리라고 한 겁니다."

학춤기공 호흡 테라피에서는 올바른 단전호흡을 위해 8가지 방법을 수련한다. 그것은 장(長, 길게) · 균(勻, 고르게) · 세(細, 가늘게) · 유(悠, 한가하게) · 심(深, 깊게) · 완(緩, 느리게) · 면(綿, 부드럽게) · 정(靜, 조용하게)이다.

부록_K-학춤 테라피 ②

요통과 어깨통증을 해소하는
〈K-학춤 테라피 5분 건강법〉

의자에 앉아서 컴퓨터를 장시간 사용하거나 고개를 아래로 숙인 채 휴대폰을 사용하는 시간이 긴 현대인들은 '디스크(추간판 탈출증)'로 인한 요통이나 각종 스트레스로 인한 '오십견(동결근)'에 노출되기 쉽다.

이런 증상이 있을 때 목에서 골반까지 길게 이어지는 24개의 척추를 부드럽게 신전시키고 어깨 주변의 근육과 인대를 천천히 이완시켜 요통과 어깨통증을 단 5분 만에 해소하는 K-학춤 테라피 건강법을 소개한다.

a. 태극 그리기

1. 두 다리를 어깨 너비로 벌리고 두 무릎을 조금 숙인 자세에서 두 팔을 앞으로 뻗어 손목을 교차시킨다.

2. 천천히 들숨을 쉬면서 서서히 무릎을 펴고 동시에 두 팔을 머리 위까지 크게 들어올린다.

3. 천천히 날숨을 쉬면서 서서히 무릎을 굽히고 동시에 두 팔을 양쪽으로 크게 원을 그리면서 아래로 내린다.

4. 1에서 3까지의 동작을 3회 반복한다.

b. 활쏘기

1. 다리를 어깨 너비로 벌리고 두 무릎을 조금 숙인 자세에서 두 팔을 앞으로 뻗어 손목을 교차시킨다. 이때 오른손은 엄지를 세우고 왼손은 주먹을 쥔다.

2. 천천히 들숨을 쉬면서 서서히 무릎을 펴고 동시에 두 팔을 그대로 머리 위로 들어올린다.

3. 천천히 날숨을 쉬면서 서서히 무릎을 굽히고 동시에 두 팔을 옆으로 내리며 활쏘는 자세를 취한다.

4. 1에서 3까지의 동작을 4회 반복한다.

c. 날개 비틀기 동작

1. 천천히 들숨을 쉬면서 두 팔을 머리 위로 올려 V자 모양을 만든다.

2. 천천히 날숨을 쉬면서 두 팔을 앞뒤로 비튼다. 이때 시선은 오른쪽 손바닥을 향한다.

3. 다시 천천히 들숨을 쉬면서 두 팔을 머리 위로 올려 V자 모양을 만든다.

4. 천천히 날숨을 쉬면서 두 팔을 앞뒤로 비튼다. 이때 시선은 왼쪽 손바닥을 향한다.

5. 1에서 4까지의 동작을 4회 반복한다.

d. 큰절하기 동작

1. 두 다리를 어깨 너비로 벌리고 두 무릎을 조금 숙인 자세에서 두 팔을 앞으로 뻗어 두 손을 무릎 위에 갖다 댄다.
2. 천천히 들숨을 쉬면서 서서히 무릎을 펴고 동시에 두 팔을 머리 위까지 크게 들어올린다. 이때 두 손바닥의 방향은 하늘 쪽을 향한다.
3. 천천히 날숨을 쉬면서 서서히 상체를 숙이고 동시에 두 팔을 아래로 내린다. 이때 머리와 두 팔을 마치 수양버들처럼 축 늘어뜨려 척추가 길게 늘어나는 느낌을 갖게 한다.
4. 1에서 3까지의 동작을 5회 반복한다.

일곱 번째 파워 스팟 힐링 여행

오사카 부 사카이 시의 다이센 공원

1. 유네스코 등록 세계 3대 왕릉의 도시

오사카 시 남쪽에 붙어 있는 사카이(堺) 시는 대단히 유서 깊은 역사의 고도(古都)이다. 오사카 부 사카이 시는 이집트의 피라미드·중국의 진시왕릉과 함께 '세계 3대 왕릉'인 닌토쿠 천황릉이 조성된 장엄한 도시이고, 중세시대에는 '일본 최대의 국제무역항'이었고, 일본 '와비차를 완성시킨 다도의 위대한 성인'인 센노리큐의 고향이기 때문이다.

또한 '일본 최초의 불교문화'가 화려한 꽃을 피운 일본의 수도였던 아스카(飛鳥)로 향하던 수많은 백제인들이 첫발을 내딛는 곳이 바로 사카이 항구였다. 이처럼 사카이 시는 대단히 유서 깊은 역사와 문화를 간직한 국제적인 항구도시였다.

'세계 3대 왕릉'의 하나인 닌토쿠 천황릉의 전체 모습을 제대로 보기 위해서는 사카이 시청 21층에 있는 전망대로 먼저 가야 한다. 전망대에서 아래를 내려다보면 거대한 녹색의 숲들이 보이는데 그 모습들이 마치 거대한 열쇠 구멍처럼 특이하게 생겼다. 거대한 녹색의 숲들은 '전방 후원분'이라고 부르는 일본의 독특한 고대 왕들의 고분들이다. 그 고분들

제16대 닌토쿠 천황릉 (ⓒ오사카·간사이 추천 스폿)

중에서 가장 대규모로 조성된 것이 일본 최대의 고분인 닌토쿠(仁德) 천황릉이다.

일본 열도에는 3세기 후반부터 약 400년 동안 거대한 고분이 갑자기 출현한다. 이때는 일본 열도에 고대국가가 형성되던 시기인데 '고분시대'(3C 말~7C)라고 부른다. 일본 열도에는 약 20만 기의 고분이 있는데 그 중에서 일본을 대표하는 거대 고분들은 사카이 시 일대에 군집되어 있다.

전체 길이가 486m이고 높이가 35.8m인 닌토쿠 천황릉은 생긴 모습이 원과 사다리꼴 모양의 도형이 연결된 것처럼 생겼다. 그래서 이러한 모양의 무덤을 '전방후원분'이라고 부른다.

세계 최대 규모의 전방후원분인 닌토쿠 천왕릉은 하루에 2천 명의 인력이 15년 8개월 동안 작업을 해야 겨우 완성될 정도로 규모가 엄청나다. 닌토쿠 천황릉이 포함된 사카이 시의 '모즈 고분군'은 현재 유네스코의 세계 문화유산에 등재된 인류의 소중한 자산이다.

그리고 사카이 항구에서 일본 최초의 수도였던 아스카(飛鳥)가 있는 내

세계유산
모즈·후루이치 고분군
—고대 일본의 분묘군—

한글 안내 팜플랫

륙 방향으로 조금만 더 들어가면 '후루이치 고분군'이 있다. 후루이치 고분군에서 가장 큰 고분은 닌토쿠 천황의 아버지인 제 15대 오진 천황릉이다.

후루이치 고분군도 유네스코의 세계문화유산에 등재된 역사적인 고분이다.

백제에서 온 유학자인 왕인(王仁) 박사의 제자였던 닌토쿠 천황은 백성들을 위해 대단히 어질게(仁) 행동했고 또 많은 덕(德)을 베풀었다. 그는 선정을 대단히 많이 베풀었기 때문에 이름이 닌토쿠(仁德)가 되었다.

백제에서 온 스승인 왕인 박사의 이름에 있는 인(仁)과 제자인 닌토쿠(仁德) 천황의 이름에 있는 인(仁)은 동일한 글자이다. 그 만큼 닌토쿠 천황은 스승인 왕인 박사에 대한 존경심이 대단했던 것 같다.

또한 닌토쿠 천황은 습지가 많은 '물의 도시'인 오사카에서 홍수로 인한 범람과 농경지의 유실을 막기 위해 강의 물길을 바꾸는 대규모 제방 공사를 시행했는데 이것은 '일본 최대의 토목공사'였다. 그때 만들어진 다리가 바로 오사카 시 이쿠노 구에 있던 츠루노하시(학의 다리)였다.

닌토쿠 천황은 사냥을 무척 좋아했다. 어느 날 닌토쿠 천황이 사카이의 들판에서 흰사슴을 화살로 사냥을 했는데 흰사슴의 입에 '모즈'라고 하는 작은 새가 들어 있었다. 그래서 바로 그곳에 닌토쿠 천황릉이 조성되었고 또 그 부근에 조성된 고분들의 명칭을 '모즈 고분군'이라고 부르게 되었다.

과거에는 닌토쿠 천황릉을 '큰 신선'이란 의미를 가진 다이센(大仙) 고분으로 불렀다. 그러나 지금은 닌토쿠 천황릉이 모즈 고분군에 모두 포함되어 유네스코 세계문화유산으로

다이센 공원 내 힐링 장소들

등재되었다. 그래서 닌토쿠 천황릉 앞에 조성되었던 공원에만 다이센이란 이름이 남아 '다이센 공원'으로 불리게 되었다.

다이센(大仙) 공원 입구에는 '흰사슴과 모즈의 전설'이 조형물로 조각되어 있다. 다이센 공원 안에는 드넓은 잔디밭 곳곳에 호수, 오솔길, 꽃 전

시장, 일본 정원, 사카이 박물관, 어린이 놀이터 등이 조성되어 있다. 그리고 온갖 꽃과 나무들이 아름답게 피어 있는 일본 정원 안에는 연못, 다실, 산책로가 무척 잘 조성되어 있다.

졸졸졸 흐르는 청량한 시냇물 소리와 숲속에서 들려오는 새들의 노래 소리를 들으며 오솔길을 천천히 올라가면 물레방아가 빙글빙글 돌아가는 정겨운 광경을 볼 수 있다. 이 정원은 일본의 옛 시골 정취를 느낄 수 있도록 조성되어 있다.

사카이 시는 일본의 와비차를 정립한 다성(茶聖)인 센노리큐의 고향이다. 그래서 사카이 시에서는 이곳에 다도(茶道)와 명상을 함께 즐기기에 좋은 일본식 정원을 조성했다. 많은 사람들이 센노리큐의 고향인 사카이의 다이센 공원을 찾아와 다도와 명상을 즐기면서 이 공원의 명칭과 같은 '큰 신선(神仙)의 마음'을 느끼고 있다.

센노리큐의 생가

2. 일본 와비차를 완성시킨 다성, 센노리큐

일본인의 독특한 정신 수양법으로 자리잡은 와비차의 문화를 좀 더 자세히 알기 위해서는 센노리큐의 생가와 센노리큐 기념관이 있는 사카이 시내로 들어가야 한다.

센노리큐는 1522년에 사카이의 부유한 상인 가문에서 탄생했다.

센노리큐가 어린 시절을 보냈던 16세기는 일본 전역에서 수많은 다이묘(영주)들이 하극상을 벌이고 치열한 전투가 계속되었던 센고쿠 시대(15세기에서 16세기 말까지 지속된 춘추 전국시대)였다.

군웅이 활거하고 창과 칼이 번뜩이던 센고쿠 시대에 일본 최대의 무역항인 사카이에서 태어난 센노리큐는 17세에 사카이의 이름난 다인(茶人)이었던 기타무키 도친를 통해 다도(茶道)에 입문한다.

기타무키 도친은 장래에 일본 다도의 거목으로 성장할 센노리큐의 가능성을 알아보았다. 그는 사카이의 난슈지에서 수행을 하고 있던 유명한 다인이었던 다케노 조오(1502~1555)에게 센노리큐를 소개한다.

다케노 조오는 일본의 고대 수도였던 나라에서 출생해서 사카이에서 살고 있는 시인이었는데 32세에 출가를 한 후 난슈지에서 수행을 하면서 일본 와비차를 중흥시킨 다인이었다.

중국 송나라의 차나무가 일본에 들어오고 차를 마시는 문화가 정착되기 시작한 것은 가마쿠라 시대(1192~1333) 초기였다. 특히 1211년에 일본 임제종의 개조인 에이사이 선사가 차의 효능과 역사를 알리는 책을 펴냄으로 인해 일본의 사찰을 중심으로 해서 차를 음용하는 문화가 널리 알려지게 되었다.

그후 무로마치 시대(1336~1573)가 되면서 스님들을 중심으로 마시던 다도가 새로운 변화를 겪게 된다. 일본 무장과 귀족과 승려들이 중국에서 수입한 사치스런 미술 공예품인 가라모노(당물)로 화려하게 장식된 장소에서 중국의 유명한 찻잔인 천목다완으로 차를 마시면서 자신을 과시하는 대규모 다회(茶會)로 발전하게 된 것이다.

그런데 그들은 그곳에서 단순히 차를 마시는 행위만 하는 것이 아니라 자신들이 마신 차의 종류를 맞추고, 소유하고 있는 찻잔을 비롯한 여러 종류의 다기들을 자랑하고, 술과 음식을 즐기면서 경품 행사까지 하는 투차(鬪茶)로 변질되어 갔다.

그 무렵, 무로마치 막부의 제8대 쇼군인 아시카가 요시마사(1436~1490)가 교토의 동쪽인 히가시야마에 은각사를 짓고 그곳의 동구당에 머물면서 차분하고 조용한 분위기 곳에서 차를 음미하고 선(禪, ZEN)을 수행하고 있었다.

아시카가 요시마사는 교토 다이토쿠지의 선승인 무라다 주코(1423~1502)와 깊은 마음의 교류를 하고 있었고, 다도에 있어서는 그의 영향을 많이 받고 있었다. 나라의 청명사에서 출가한 무라다 주코는 일본 임제종의 유명한 선승인 잇큐 소준의 제자였다.

잇큐 소준(1394~1481)은 일본 제101대 고코마쓰 천황의 서자로 태어났으나 복잡한 일본 남북조 시대(1336~1392)의 정치적 환경 때문에 6살의 어린 나이에 절에 들어가 동자승이 된다. 시인, 승려, 기인, 자유로운 영혼의 구도자로 성장한 잇큐 선사는 '세치의 혀'로 화두를 말하면서 실상은 권력자들에게 아부하고 굽신거리는 타락한 불교계를 질타했다.

항상 목검을 허리에 차고 다니고 지팡이에는 해골을 매달고 다니는 기행을 마다하지 않았던 그는 해탈을 위한 선(禪)의 대중화를 위해 많은 노력을 기울였다. 그의 제자인 무라다 주코는 스승과 함께 화려하고 사치스럽게 변질된 투차의 악습을 일신하고 선의 기풍을 접목한 차분하고 간소한 와비차 문화를 창시했다.

무라다 주코는 '구름 속에 숨은 달이 더 아름답다'면서 호화롭고 사치스러운 투차를 신랄하게 비판하면서 '다 갖추지 못한 부족함 속에서 소박하고 은근한 정신적 미학을 추구하는 와비차의 정신'을 알리기 위해 매진한 선승이었다.

이러한 와비차의 정신은 교토 은각사의 동구당에 머물던 무로마치 막부의 제8대 쇼군인 아시카가 요시마사를 감동시켰다. 그래서 아시카가 요시마사는 와비차의 정신과 문화의 큰 후원자가 되었다.

아시카가 요시마사의 후원으로 인해 뿌리를 내리게 된 와비차의 정신은 잇큐 선사와 무라다 주코가의 뒤를 이은 다케노 조오에 의해 더욱 발전하게 되었다.

그 당시 다케노 조오는 사카이의 난슈지에 머물면서 와비차의 문화를 열심히 전하고 있었는데 19세의 센노리큐를 자신의 제자로 받아들였다. 이때 센노리큐는 난슈지의 주지 스님인 다이린 소토로부터 '소에키'라는 법명을 받고 삭발을 한다.

사카이에서 부친의 사업도 도우면서 난슈지에서 와비차를 배우던 센노리큐는 1555년에 스승인 다케노 조오가 입적하게 되자 교토의 다이토쿠지로 가서 선(禪) 수행에 더욱 매진했다.

1573년, 51세가 된 그는 일본의 권력자인 오다 노부나가가 개최하는 다회의 모든 것을 주관하는 다두(茶頭)로 임명되어 대단히 명예로운 자리에 오른다. 그런데 오다 노부나가가 천하통일을 목전에 앞두고 심복인 아케치 미스히데로부터 '혼노지의 변'을 당해 목숨을 잃는 대변고가 일어난다.

그로부터 10년 후, 일본 최고의 권력자가 된 48세의 도요토미 히데요시는 62세가 된 센노리큐를 자신의 다두(茶頭)로 임명한다.

1585년, 도요토미 히데요시는 제106대 오기마치 천항에게 차를 진상하는 '킨츄 다도회' 행사에서 자신의 다두인 센노리큐를 일본 다도의 제1인자로 배석시켰다.

그리고 2년 후인 1587년 10월 1일, 센노리큐는 교토의 '학문의 신'을 모시는 기타노 신사에서 〈키타노 대 다도회〉를 준비한다. 〈키타노 대 다도회〉는 대단히 파격적인 다회였다. 무사들뿐 아니라 농민과 상인을 포함해서 누구나 참석할 수 있도록 문호를 활짝 개방한 최초의 다회였기 때문이었다. 다도회가 열리는 기타노 신사 안에는 무려 800개가 넘는 다실이 지어졌다.

도쿠가와 이에야스와 함께 일본의 3대 천하인(天下人)이었던 오다 노부나가와 도요토마 하데요시는 화려하고 사치스러운 중국풍의 다도를 좋아했다. 그러나 그들의 다도 스승이었던 센노리큐는 모든 화려함과 사치스러움을 걷어낸 가장 소박하고 순수한 다도인 '와비차'를 구현하려고 했다.

일본의 다성으로 추앙받던 센노리큐가 완성시킨 와비차의 정신은 과연 무엇이었을까? 와비차의 정신을 나타내는 단어에는 와비(侘び)와 사비(寂び)가 있다.

먼저 와비는 '낙심하다'는 의미의 단어인 와부(わぶ)와 '고독하다'는 의미의 단어인 '와비시'(侘しい)에서 유래했다. 와비의 진정한 의미는 '낙심하고 고독한 청빈(淸貧)의 삶 속에서 오히려 탈속(脫俗)의 경지를 즐기고 인간의 본질을 추구하는 고도의 미의식'을 말한다.

또한 사비(寂び)는 모든 시끄럽고 번잡한 것들이 모두 사라진 깊은 고요와 텅 빈 침묵의 세계 속에서 오히려 충만한 즐거움을 추구하는 정신이다. 그리고 와비차의 정신에는 '차분하고 은근한 멋을 추구'하는 시부이의 정신도 포함되어 있다.

와비차의 이러한 정신은 모두 한자 '적(寂)'과 깊은 관련을 맺고 있다.

고적(孤寂).
한적(閑寂).
적막(寂寞)
적적(寂寂).

'적(寂)'과 함께 사용되는 단어들 속에는 짙은 외로움, 쓸쓸함, 처량함의 감정이 모두 담겨 있다. 그래서 이 단어에서는 채워지지 않은 결핍과

달랠 길 없는 고독과 천길 낭떠러지에 홀로 서 있는 듯한 비장함이 물씬 느껴진다. 그러나 그와 같은 불완전하고 불편하고 부당한 환경 속에서 오히려 채워지지 않은 여백의 미를 추구하고 또 그것을 즐기는 초연함이 와비차의 정신 속에 있다.

와비차의 역사에는 교토의 다이토쿠지에서 잇큐 선사와 함께 다선일미(茶選一味, 차와 선은 하나의 맛이다)를 가르치며 와비차의 처음을 열었던 선승인 무라다 주코의 깊은 정신이 있고, 와비차를 부흥시킨 다케노 조오 역시 사카이의 난슈인의 선승이었고, 또 와비차를 완성시킨 센노리큐도 19세에 삭발을 하고 '소에키'라는 법명을 받은 선승이었다. 즉 와비차는 차를 마시는 일상적인 행위에 불교의 선 문화를 접목시켜 고도의 마음 수행으로 발전시킨 것이다.

그래서 센노리큐는 와비차를 완성시키기 위해 인적이 드문 두메산골에 있는 낡고 초라한 초가를 연상시키는 다실을 지었고, 들어가는 입구를 무장들이 허리에 찬 칼을 모두 내려놓고 허리를 숙인 채 무릎걸음으로 들어가야 할 만큼 낮추었고, '다다미 한 장 반'의 좁고 소박한 다실 안 도코노마에 족자 하나와 꽃 한 송이를 꽂은 작은 꽃병을 두었던 것이다.

작은 숨소리마저 크게 들리는 작은 다실 안의 싱그러운 풀 향기가 코끝을 스치는 다다미 위에 조심스럽게 앉은 다인들은 따뜻한 말차의 짙은 향내가 마치 불당(佛堂)의 향처럼 모락모락 피어오르는 광경을 그윽히 응시하고 마음을 차분하게 가라 앉히면서 음다(飮茶)를 시작했다.

이때 다인들은 온기가 온몸으로 전해지는 따뜻한 찻잔에 담긴 녹색의 묘약을 마시는 일상의 행위에 서서히 몰입하면서 세속에서 갖고 온 날선 마음들을 하나씩 내려놓고 무심(無心)의 세계로 빠져들었다.

몰입(沒入).

내려놓기.

이것은 대단히 중요하다. 이 두 가지야말로 선의 세계에 들어가기 위해 가장 필요한 마음이기 때문이다. 결국 위대한 다성이자 선사였던 센노리큐는 와비차를 통해서 수많은 사람들을 선의 세계로 안내한 것이다.

"센노리큐는 일상의 번잡함을 모두 걷어낸 작고 소박한 방 안에서 오직 차와 인간이 1대 1로 대면하게 만들었군요."

"그렇습니다. 센노리큐는 마치 속세를 떠난 듯한 아주 특별한 공간 속에서 일기일회(一期一會)를 되새기며 차와 선(禪)이 하나가 되는 다선일체(茶禪一體)의 세계를 직접 체험하도록 했던 겁니다."

센노리큐는 다인(茶人)들이 모든 긴장을 다 내려놓은 낡고 초라한 초가의 소박한 다실 안에 조용히 앉아 짙은 녹색의 말차에서 은은히 피어나는 향기를 온몸으로 느끼면서 자연스럽게 선(禪)의 세계에 입문하도록 만들었다. 이것은 9세기 당나라의 선승이었던 조주선사가 인생에 대한 다양한 질문을 던지는 수행자들에게 '차나 한 잔 마시게'(喫茶去, 끽다거)란 화두(話頭)를 준 것과 똑같다.

센노리큐 기념관

화두는 공안(公案)이라고도 부르는데 힘들고 어려운 선 수행에서 깨달음을 얻을 수 있도록 도와주는 뜻밖의 말이나 사자후(獅子吼) 같은 고함을 일컫는다. 때로는 선승이 벼락 같은 욕설을 공안으로 사용하기도 한다.

선불교에서 이러한 공안을 제자들에게 하는 이유는 깨달음의 깊은 도(道)는 석가모니가 연꽃을 든 행동을 보고 그 진정한 뜻을 깨달은 '마하가섭의 미소'처럼 교외별전(敎外別傳, 경전이 아닌 마음을 통해 진리를 깨닫는 것)과 직지인심(直指人心, 선 수행을 통해 마음을 깨닫는 것)에 있다고 생각하기 때문이다.

사카이의 센노리큐 생가 맞은편에는 센노리큐 기념관이 있다. 그리고 기념관 옆에는 센노리큐의 와비차를 체험하는 다실로 향하는 좁은 길이 있다. 그 길을 천천히 따라가면 센노리큐의 따뜻하면서도 나지막한 음성을 들을 수 있을 것이다.

"차나 한 잔 마시게(喫茶去, 끽다거)."

다실로 향하는 좁은 길

3. K-학춤 명상 비법

명상을 가장 적극적인 수행법으로 받아들인 종교는 불교이다.

불교의 선종에서는 생로병사(生老病死)로 이루어진 '고해(苦海)'와 같은 현세의 삶을 괴롭히는 온갖 번뇌에서 벗어나는 방법으로 선(禪, ZEN) 수행을 내세우고 있다. 그래서 수많은 선사들은 삶을 불행하게 만드는 지독한 번뇌에서 벗어나기 위해서는 선(禪) 수행을 통해 집착을 버리고 선정(禪定)에 들어가야 한다고 가르친다.

그런데 집착을 버리고 번뇌에서 벗어나 진정한 삶의 도(道)를 깨닫는 높은 경지에 들기 위해 용맹정진(勇猛精進)하는 선(禪) 수행은 무척 힘들고 어렵고 고달프다. 자신의 정신을 가파른 벼랑 끝까지 극단으로 밀어붙이는 치열한 정진(精進)과 수도(修道)를 통해 스스로 깨달아야 하는 너무나 외롭고 고독한 수행이기 때문이다.

그래서 수많은 스님들은 본격적인 선 수련을 위해 산속의 깊은 사찰에서 동안거(冬安居)와 하안거(夏安居)에 들어간다. 스님들이 깨달음을 얻기 위해 겨울 3개월과 여름 3개월 동안 오직 참선 수련만 하는 '동안거'와 '하안거'는 기나긴 고독과 침묵의 시간이다.

수많은 스님들이 방문을 걸어 잠그고 딱딱한 방바닥에 가부좌를 틀고 앉아 치열하게 용맹정진하는 좌선 수련을 할 때 가장 힘든 것이 있다.

그것은 망상과 잡념이다.

사람의 본래 마음은 흡사 호수와 같다.

거울처럼 맑고 깨끗한 호수에는 푸른 하늘의 풍경과 주변의 풍광들이 있는 그대로 비친다. 그런데 그러한 모습들을 있는 그대로가 아닌 이지러진 모습으로 변형해서 비치게 하는 것이 있다.

그것은 바람이다.

호수 위로 바람이 불어와 수많은 물결이 이는 것처럼 우리의 마음에는 '망상과 잡념의 바람'이 불어온다.

불현듯 마음속에 솟구치는 '망상의 물결'인 원망, 분노, 탐욕, 아집, 불안, 편견, 걱정 등의 감정은 선 수행을 매우 힘들게 하는 집요한 방해꾼들이다.

이러한 방해꾼들이 있으면 마음이 산만해지고 정신이 집중되지 않기 때문에 자신의 내면에 깊숙이 감추어져 있는 '진정한 자아'를 만날 수 없게 된다. 마치 일렁거리는 호수의 잔물결 때문에 대자연의 풍광들이 모두 일그러져 보이는 것처럼.

불가에서는 이처럼 평정심을 방해하는 중요한 내면의 방해꾼을 탐진치(貪瞋癡)라고 부른다. 곧 탐욕과 분노와 어리석음이다. 불가에서는 이 세 가지를 '망상의 바람'과 '잡념의 물결'을 일으키는 중요한 원인으로 꼽고 있다.

불교에서 진행하는 선 수련은 종교적인 깨달음을 얻기 위한 고독한 수행이기 때문에 장시간 동안 앉은 자세로 진행하는 좌선을 일반인들이나 다른 종교를 가진 사람들이 따라하기에는 결코 쉽지 않다.

K-학춤 명상 테라피의 목적은 오직 심신의 건강이다.

그래서 K-학춤 명상 테라피에서는 현대인의 심신 건강을 증진시키기 위해 명상에 좀 더 쉽고 재미있게 접근하는 방법을 선택하고 있다.

바로 '움직이는 명상'이다.

그래서 K-학춤 명상 테라피의 첫 시작은 명상 학춤을 추는 것으로 시작한다. 즉 명상 학춤을 추면서 서서히 학의 세계로 들어가는 것이다.

"저는 작가님과 함께 힐링 명상 학춤을 하면서 마치 제 자신이 한 마리 학이 되어 창공을 마음껏 날아오르는 듯한 기분, 이 세상 그 어느 것에도 전혀 구속되지 않은 자유, 두 날개를 활짝 편 채 상쾌한 바람을 타고 하늘을 자유롭게 유영하는 듯한 편안함을 느꼈어요. 저는 이것이야말로 K-학춤 명상 테라피의 가장 큰 매력이라고 생각해요."

이것이 명상 학춤을 경험한 이들의 반응이다.

K-학춤 명상 테라피의 가장 큰 특징은 하늘을 자유자재로 비상하는

백학의 우아하고 아름다운 춤사위를 기본적인 모티프로 해서 만들어졌다는 것이다.

이것은 대단히 중요한 개념이다. 이 세상에 존재하는 수많은 조류들 중에서 인류에게 '무병장수'와 '불로회춘'이라는 상서로운 메세지를 인간 세상에 전하는 하늘의 길조(吉鳥)로 숭상받는 새는 오직 백학(白鶴)만이 유일하기 때문이다.

일본의 미야자키 하야오 감독이 2023년에 개봉한 애니메이션 〈그대들은 어떻게 살 것인가〉(북미에서는 영화제목이 〈소년과 왜가리, boy and the Heron〉였음)에서 왜가리가 주요 모티프로 나온 것도 일본이 거대한 학(鶴)의 문화권에 있었기 때문에 가능한 상상이었다.

지금은 과학의 발달로 두루미·황새·백로·왜가리를 생물학적으로 구분하지만 고대에서 중세까지는 하얀색을 가진 커다란 몸집의 새들을 모두 학(鶴)이라고 불렀다. 즉 협의의 의미로 학은 두루미를 의미하지만 광의의 의미에서는 두루미·황새·백로·왜가리 모두가 학이었다. 그래서 고대부터 동아시아인들의 의식 속에는 '1년 내내 학을 볼 수 있다'고 생각했던 것이다.

K-학춤 명상 테라피를 수련할 때 가장 먼저 생각해야 할 것은 본인의 의식 속에서 '자신이 한 마리 학으로 완벽하게 변신했다'는 마음가짐으로 시작해야 한다.

그래서 두 팔을 움직일 때는 마치 학이 커다란 두 날개를

애니메이션 영화 〈그대들은 어떻게 살 것인가〉 포스터

부드럽게 들어 올리는 것처럼 여유롭게 움직여야 하고 춤을 출 때는 마치 학이 하늘의 새하얀 구름 사이에서 우아한 날갯짓을 하는 느낌으로 추어야 하는 것이다.

자신이 2미터나 되는 커다란 날개를 활짝 펴고 허공을 자유롭게 날아오르는 우아한 학(鶴)과 일체가 되는 색다른 명상 체험을 하게 되면 자신의 삶에 대해 새로운 성찰(省察)을 하게 되면서 사고의 지평이 놀랍도록 크게 열리는 경이를 느끼게 된다.

구만리 장천(長天)을 천의무봉(天衣無縫)으로 자유롭게 날아오르는 학의 마음을 아름다운 동작으로 이어나가는 그 순간, 커다란 희열(喜悅)이 서서히 밀려오기 시작한다.

마음의 자유로움 속에서 기쁨과 행복을 느끼는 그 순간, 대자연과 자신이 하나가 되는 높은 정신적 경지인 범아일체(凡兒一切)의 무아지경(無我之境)을 체험하게 된다.

부록_k-학춤 테라피 ③

두통에서 해방되고 맑은 정신을 유지하는
〈안티에이징 K-학춤 테라피 명상법〉

현대인들 중에는 각종 스트레스로 인한 불면증·노이로제·강박증 등으로 인해 머릿속이 맑지 않고 장기간 두통에 시달리는 경우가 많다.

이런 증상은 의료기공의 측면에서 살펴보면 인체의 기운이 배꼽을 중심으로 해서 상하로 골고루 분포되어 있지 못하고 위쪽으로 과도하게 치우쳐 있는 '상기(上氣)되어 있다'고 말한다.

인체는 기가 상하로 골고루 분포되어 균형이 잘 잡혀 있을 때는 두한족열(頭寒足熱)이 된다. 문자 그대로 머리가 시원하고 발이 따뜻한 건강한 상태가 된다. 그런데 기의 상하 균형이 깨어져 상기(上氣)가 되면 인체는 두열족한(頭熱足寒)의 상태가 된다. 즉 머리가 지끈지끈 열이 나고 발이 차가워지는 건강하지 못한 상태가 되는 것이다.

이런 경우에 머리 쪽으로 과도하게 몰린 기운을 아래로 내리고 또 건강한 생기(生氣)의 활동을 방해하는 탁기(濁氣)를 몸 밖으로 뽑아내는 K-학춤 테라피 명상법을 소개한다.

제1단계: K-학춤 기본 동작(3분)

1. 양반다리로 앉은 자세에서 천천히 들숨을 하면서 두 팔을 마치 학의 양 날개처럼 부드럽게 들어올린다.

2. 상체를 앞으로 숙이며 천천히 날숨을 하고 동시에 학이 양 날개를 모으듯이 부드럽게 두 팔을 앞으로 내려서 손목을 서로 교차시킨다.

3. 상체를 천천히 바로 세우면서 천천히 들숨을 하고 동시에 두 팔을 마치 학의 양 날개처럼 부드럽게 머리 위로 크게 들어올린다.

4. 상체를 또다시 앞으로 숙이며 천천히 날숨을 하고 동시에 학이 양 날개를 모으듯이 부드럽게 두 팔을 앞으로 내려서 손목을 서로 교차시킨다.

5. 1에서 4까지의 동작을 2분 동안 반복한다.

두통에서 해방되고 맑은 정신을 유지하는 안티에이징 학춤 氣 요가 명상법의 제1단계인 〈K-학춤기본 동작〉은 명상에 들어가기 전에 상체를 유연하게 해서 상체에 몰려 있는 기운이 아래로 잘 내려갈 수 있는 몸을 만드는 과정이고, 생기의 활동을 방해하는 탁기를 몸 밖으로 잘 뽑아내기 위해 기가 흐르는 통로인 경락(經絡)을 활성화시키는 기법이다.

제 2단계: K-학춤 氣 호흡(5분)

1. 편안하게 양반다리로 앉은 자세에서 정수리에서 발바닥까지 모든 곳에 힘을 느슨하게 해서 근육의 경직을 푼다.

2. 배꼽에서 3치 아래에 있는 단전(丹田)을 마음속으로 상상한다.

3. 들숨일 때 아랫배를 천천히 앞으로 부풀게 해서 단전을 자극한다.

4. 날숨일 때 아랫배를 천천히 안쪽으로 들어가게 해서 단전을 자극한다.

5. 이러한 호흡법을 10분 간 진행한다.

두통에서 해방되고 맑은 정신을 유지하는 안티에이징 K-학춤 테라피 명상법의 제2단계인 〈K-학춤 氣 호흡〉은 명상에 들어가기 전에 단전호흡을 유도해서 건강한 생기로 탁기를 몸 밖으로 밀어내기 적합한 환경을 만드는 것이다.

제3단계: K-학춤 氣 명상(10분)

1. 편안하게 양반다리로 앉은 자세에서 정수리에서 발바닥까지 모든 곳에 힘을 느슨하게 해서 근육의 경직을 푼다.

2. 배꼽에서 3치 아래에 있는 단전을 마음속으로 상상한다.

3. 들숨을 할 때 정수리에 있는 중요한 경혈(經穴)인 백회(百會)에서 대자연의 싱그러운 생기가 몸 안으로 쏟아져 들어와 단전으로 모이는 광경을 연상한다.

4. 날숨을 할 때 단전에 모인 생기가 몸속의 탁기를 두 다리의 경락을 따라 발바닥 가운데에 위치한 용천(湧泉)으로 빠져나가는 모습을 연상한다.

정수리에 있는 경혈인 백회는 '100가지 기가 모이는 곳'이라고 할 정도로 대자연의 생기를 받아]들이는 대단히 중요한 '기의 안테나'이다.
그리고 발바닥 가운데에 위치한 용천은 '기가 샘물처럼 솟구치는 곳'이라고 할 정도로 대단히 중요한 경혈이며, 일명 족심(足心)이라고도 하는데 '발바닥에 있는 마음'이라는 의미를 갖고 있다.

학춤으로 심신을 단련하는 정준 작가

여덟 번째 파워 스팟 힐링 여행

교토 니조죠의 니노마루고텐

1. 니조죠 카라몬의 황금색 학과 대형 송학도

동양의 로마로 칭송받는 고색창연한 '일본 천년의 수도' 교토(京都).

교토는 일본 사람들이 전국시대의 세 영웅으로 생각하는 오다 노부나가, 도요토미 히데요시, 도쿠가와 이에야스와 깊은 관련이 있는 고풍스런 역사의 고도(古都)이다.

오사카 북동쪽의 교토가 일본의 수도가 된 것은 제50대 간무 천황(737년~806년)이 794년에 나라에 있던 왕궁인 헤이조쿄를 교토의 헤이안쿄로 천도하면서다.

8세기에 일본의 수도가 된 교토는 메이지 유신(1868년)이 일어난 다음 해인 1869년에 제122대 메이지 천황이 도쿄의 고쿄(황궁)로 옮겨 갈 때까지 무려 천여 년 동안 일본의 유서 깊은 수도였다. 그래서 교토 곳곳에는 수려한 자연 속에서 우아하고 품격 높은 백학을 테마로 한 선(禪) 문화를 느낄 수 있는 의미있는 장소들이 많이 있다.

코로나 팬데믹이 발생하기 전에 나는 서울에 있는 채널A 방송과 공동으로 기획한 〈오사카 노포 맛 기행〉의 인솔작가로 활동할 때 교토 여행에 특별히 많은 시간을 할애했다. 교토에는 힐링과 명상을 동시에 즐길 수 있는 의미 있는 장소가 무척 많기 때문이다.

그때처럼 나는 교토에 도착하자마자 가요코 가수와 박상준 대표를 일본 천하를 통일한 도쿠가와 이에야스의 근거지였던 니조죠(二条城)로 가장 먼저 안내했다.

독자 여러분들에게 소개하는 여덟 번째 파워 스팟이 있는 니조죠는 도요토미 히데요시 이후에 일본의 새로운 권력자가 된 도쿠가와 이에야스가 교토를 방문할 때 기거했던 대단히 호화로운 성이다. 현재 유네스코 세계유산으로 등재되어 있다.

니조죠는 도쿠가와 이에야스가 천황으로부터 일본 최고의 권력자인 쇼군(장군)으로 임명되던 1603년에 취임 축하연을 연 장소로도 유명하다. 그리고 1867년 11월 9일에 에도 바쿠후(에도 막부)의 마지막 쇼군인 제15대 도쿠가와 요시노부가 265년 동안 지속된 도쿠가와 이에야스 가문의 바쿠후 정치(1603~1868)를 마감하고 모든 권력을 천황에게 다시 돌려주는 '대정봉환'을 거행한 일본 역사에서 대단히 의미심장한 장소이기도 하다.

니조죠에서 관광객들이 가장 많이 방문하는 건물은 니노마루고텐(二の丸御殿)이다. 니노마루고텐은 6개의 일본식 건물로 이루어져 있는데 33개의 방바닥에 깔려 있는 다다미가 무려 8백 장이나 된다.

니조죠 입구로 들어간 나는, 그곳을 무심히 지나치는 관광객들을 먼저 보내고 나서 니노마루고텐 정문 앞에 가만히 섰다.

"어머! 대문이 정말 화려하네요!"

"이 정문의 이름은 카라몬인데 황금색으로 대단히 화려하게 장식되어 있잖아요? 니조죠를 방문하는 수많은 관광객들은 니노마루고텐 안으로 들어가기에만 바빠서 이곳을 그냥 무심코 지나치기만 하죠. 그런데 이 정문에는 무병장수의 좋은 기운을 받을 수 있는 황금색 학 작품이 있답니다."

그러자 내 말을 들은 두 사람이 동시에 고개를 들어 카라몬을 올려다

백학(白鶴) 조각이 있는 교토의 니조죠 카라몬 대문 (©교토 시 관광청)

본다.

"아! 정말 황금색 학이 새겨져 있군요!"

"그렇죠. 니노마루고텐 안에는 학과 관련된 곳이 3곳이 있는데 이곳이 첫 번째 학 작품이에요."

"저희들도 니조죠를 여러 차례 방문했지만 카라몬에 황금색 학 조각이 있다는 사실은 오늘 처음 알았어요."

"우리들 곁에는 예술작품으로 변신한 학들이 많이 있답니다. 아마도 조금만 더 관심을 기울이면 더욱 많은 학을 작품으로 볼 수 있을 겁니다."

"와! 정말……. 일본의 장인들이 섬세하게 새긴 학 두 마리가 황금색 날개를 활짝 펴고 우리들을 환영하는 것 같네요."

"앞으로 니조죠에 오면 아름다운 카라몬 앞에서 학의 황금빛 기를 받은 후에 니노마루고텐에서 가장 아름다운 백학 그림이 있는 방으로 이동하는 것이 일종의 통과의례가 될 겁니다."

"네, 무척 기대가 되는군요. 도쿠가와 이에야스가 머물던 이곳에 멋진 백학 그림이 있다니."

우리 일행은 신발을 벗고 나무 마루 위로 천천히 올라갔다. 그리고 짙은 밤색의 긴 마루를 따라 걸으면서 니노마루고텐의 방들을 하나씩 구경하기 시작했다. 그런데 발걸음을 옮길 때마다 마루 아래에서 휘파람 같은 소리가 들려 오는 게 아닌가?

"마루가 바닥에 고정되어 있지 않은가 봐요? 마루 바닥에서 삐걱거리는 소리가 나네요."

"그래서 이 마루의 이름이 '꾀꼬리 소리의 복도'라고 하죠. 외국인들은 이 복도를 '나이팅게일 복도'라고 부르기도 합니다."

니노마루고텐의 마루 위로 사람들이 발걸음을 옮길 때마다 그 압력에 의해 마루 바닥 아래의 빈 공간에 고정된 못들이 움직이면서 마치 휘파람 같은 소리가 난다. 이러한 소리를 들으면서 긴 복도를 걷는 것도 니노마루고텐에서만 느낄 수 있는 독특한 경험이다.

니노마루고텐에서 첫 번째로 구경하는 건물은 '무사 대기소'이다. 니노마루고텐에서 가장 큰 '무사 대기소' 다음에는 '가신 대기소'가 있다. 다이묘(영주)들이 쇼군을 만나기 위해 기다리는 '가신 대기소' 다음에는 '대형실'이 있다.

'대형실'은 니노마루고텐에서 가장 중요한 공간으로 도쿠가와 막부의 쇼군이 다이묘나 상급관리들을 접견하는 장소였다.

"어머, 이 방에 백학과 소나무 그림이 있네요!"

"일본에서도 가장 멋진 송학도(松鶴圖)입니다."

일본에서는 벽이나 미닫이 문에 그리는 화려한 그림을 '장벽화'라고 부른다. 니노마루고텐에는 무려 3천 점이 넘는 장벽화가 있다고 한다. 특히 2대 쇼군인 도쿠가와 히데타다의 딸을 아내로 맞이한 제108대 고미즈노 천황이 니조죠로 행차했을 때 그려진 장벽화 작품들이 니노마루고텐에 많이 소장되어 있다.

일본에서는 백학과 함께 소나무도 대단히 신성한 나무로 생각한다. 일본의 전통극인 가부키 공연장에 가면 엄청나게 짙푸른 소나무가 그려져

니노마루고텐의 멋진 송학도(松鶴圖)

있는데 '하늘의 신이 소나무를 타고 내려온다'는 것을 의미한다. 이곳 '대형실'에 있는 짙은 초록색의 소나무와 백학을 함께 그린 송학도는 쇼군의 무병장수를 기원하기 위해 그려진 멋진 대작이다.

쿄토에는 조선의 사명대사인 유정과 도쿠가와 이에야스가 임진왜란이 끝난 뒤에 최초로 만났던 유서 깊은 장소가 있다. 그 장소에서 사명대사는 학을 모티프로 시를 지은 것으로 유명하다.

1600년, 임진왜란을 일으킨 도요토미 히데요시가 죽은 뒤 도쿠가와 이에야스는 세키가하라 전투에서 도요토미 히데요시 가문을 따르던 서군과의 전투에서 승리했다.

1603년이 되자, 일본의 최고 권력자가 된 도쿠가와 이에야스는 지금의 도쿄에 있는 에도 성에서 에도 막부를 열었다. 도쿠가와 이에야스는 도요토미 히데요시가 일으킨 임진 정유재란(1592~1598)의 여파로 악화된 양국 간의 관계를 안정시키고 새로운 평화의 시대를 열어야겠다고 생각했다. 그는 쓰시마 도주를 통해 두 나라 사이에 새로운 평화와 화합의 세대를 열기 위해 조선통신사를 파견해 달라는 서신을 조선 조정에 보냈다.

1605년 당시, 쇼군의 지위를 3째 아들인 도쿠가와 히데다타에게 양위한 도쿠가와 이에야스는 자신이 어린 시절를 보냈던 시즈오카의 슨푸 성에서 지내고 있었다.

1607년, 조선 조정에서는 불교계의 명망 높은 스님인 사명대사를 대표로 해서 467명으로 구성된 조선통신사를 일본으로 파견하게 된다. 교토의 사찰에 머물게 된 사명대사 일행은 그 당시 교토 후시미 성에 머물던 도쿠가와 이에야스를 만나게 된다.

호화로운 후시미 성에서 사명대사와 처음 대면하게 된 도쿠가와 이에야스는 다음과 같은 시를 보낸다.

돌에는 풀이 나기 어렵고 방안에는 구름이 일어나기 어려운데
너는 도대체 어느 산에 사는 새이기에 여기 봉황의 무리에 끼어 들었는가?

그러자 입가에 빙긋이 미소를 지은 사명대사는 다음과 같은 시로 답했다고 한다.

나는 본래 청산에 사는 학인데 항상 오색구름을 타고 놀다가
하루 아침에 오색구름이 사라지는 바람에 잘못하여 닭 무리 속에 떨어졌노라

조선에서 온 고승인 사명대사의 시를 들은 도쿠가와 이에야스는 비로소 사명대사의 고매한 인격을 알게 되었고 사명대사 일행을 융숭하게 대접했다.

나는 니노마루고텐을 한 바퀴 돌고 다시 밖으로 나온 일행을 니노마루 정원으로 안내했다. 니노마루 정원도 1626년에 고미즈노 천황의 니조죠 행차를 맞이하여 특별히 조성되었다.

"이 정원의 연못에는 쇼군의 무병장수를 기원하기 위해 장수의 상징인

학과 거북이를 테마로 한 학 섬과 거북이 섬을 함께 배치했어요. 그리고 이 연못은 니노마루고텐의 건물 안에서 바라볼 수 있도록 고안되었죠."

"학 섬을 보니 마음이 한결 편안해지는 것 같네요!"

"니조죠에서 백학의 기운을 느끼기에 가장 좋은 곳은 니노마루고텐에서 멋진 대형 백학 그림이 그려져 있는 '대형실'입니다. 그러나 그곳은 일반인들이 자유롭게 앉아서 명상을 할 수 없는 곳이잖아요? 그래서 저는 이 정원에서 학 섬을 바라보면서 편안하게 명상을 할 수 있어서 무척 좋아한답니다."

2. 교토에서 만나는 정원과 명상의 미학

고색창연한 일본 천년의 수도인 교토에는 복잡한 현실 속에서 넘어지고 상처 입은 수많은 사람들이 자신의 마음을 치유하면서 조용히 명상할 수 있는 일본 전통 정원들이 많이 있다.

그 중의 하나가 코다이지(고대사)이다.

코다이지는 일본 열도를 통일했던 도요토미 히데요시의 정실인 가타노 만도코로가 헛된 야망을 실현하려고 애를 쓰다가 허무하게 죽은 남편의 명복을 빌기 위해 세운 절이다. 그런데 카타노 만도코로의 애칭이 '네네'이기 때문에 이 사찰을 '네네의 절'이라고 부르기도 한다. 또한 '네네의 절'로 향하는 아름다운 길의 이름도 '네네의 길'이라고 부른다.

코다이지 안에는 12개의 건물과 2개의 아름다운 정원이 있는데 이 정원은 일본 정원의 명장인 고보리엔슈가 조성했다. 그리고 코다이지에는 울창한 숲속에 아주 고색창연한 다실이 있는데 이것은 일본 '와비차'를 정립한 '일본의 다성(茶聖)'인 센노리큐의 작품이다.

일본은 자연재해가 많이 발생하는 나라이다. 일본 열도는 전 세계 지진의 80%가 발생하는 환태평양 조산대의 '불의 고리'에 속해 있다. 그래서 일본에는 지진, 쓰나미, 태풍 등의 자연재해가 예측 불허하게 자주 일어난다.

2024년 새해 벽두에 발생한 일본 북단의 이시카와 현의 노토 반도에서 일어난

코다이지 (ⓒ교토 시 관광청)

진도 7이 넘는 대지진은 일본이 얼마나 자연재해가 많은 나라인가를 보여준다. 그런데 대단히 역설적이게도 일본은 '세계 최장수 국가'이다.

"아, 그렇네요."

"여기에는 일본인의 정신문화가 대단히 큰 기여를 하고 있죠. 특히 일본 고유의 신도(神道)와 선종(禪宗)은 서로 영향을 주고받은 신불습합(神佛褶合, 전통적 신앙인 신도와 외부에서 유입된 불교가 서로 융합)의 문화를 갖고 있

교토의 봄

기 때문에 종교 간의 갈등이나 다툼이 없답니다. 그리고 일본 선종의 선(禪, ZEN)의 정신과 다도의 문화가 새롭게 만나 탄생한 와비차(侘び茶)는 현대인의 마음 수련에 많은 기여를 하고 있습니다."

벚꽃이 흐드러지게 피는 3월에 코다이지를 방문하는 여행객들을 감동시키는 또 하나의 퍼포먼스가 있다. 그것은 정원으로 들어가는 입구에 벚꽃나무의 풍성한 가지가 마치 수양버들처럼 대지에 닿을 듯이 길게 늘어진 '시다레사쿠라(수양 벚꽃)'이다.

"교토의 정원들을 바라보면 마음이 편안하고 차분해져서 명상을 하기에 정말 좋은 것 같아요."

"그렇죠. 교토는 정말 명상하기에 좋은 곳이죠."

고대부터 교토는 종교적인 영성으로 가득한 명상의 도시였다.

일본의 천년 수도였던 교토에는 그동안 3천여 개의 사찰과 1천 7백여 개의 신사들이 세워졌다.

"와! 그렇게 많은 절들이 건립되었어요? 정말 놀랍네요."

교토의 시다레사쿠라(수양 벚꽃)

교토는 천황이 머무는 일본의 천년 수도였기 때문에 많은 귀족들이 이곳에 저택을 짓고 거주하기 시작했다. 그래서 교토에는 대단히 화려한 황실문화와 귀족문화가 꽃을 피웠다. 그리고 많은 고승들과 다도의 스승들에 의해 선 문화와 와비차 문화가 공존하게 되었다.

잠시 후, 코다이지를 나온 우리는 유네스코 세계문화유산인 료안지로 향했다. 료안지는 교토에 있는 사찰 중에서 '선의 정원'으로 가장 유명한 석정(石庭)이 있는 곳이다. 특히 이 정원은 1975년에 영국의 엘리자베스 여왕이 교토를 방문했을 때 '일본 선 문화의 정수'를 느끼기 위해 찾아왔던 유명한 장소이기도 하다.

교토의 유명한 사찰에는 선 문화를 느낄 수 있는 카레산스이(故山水) 정원들이 여러 곳에 조성되어 있다.

나는 일행과 함께 료안지의 석정(石庭)이 바로 눈앞에 보이는 긴 툇마루에 걸터 앉았다.

"풀 한포기와 꽃 한송이가 없는 정원이라니! 아마도 이 정원을 처음 마주하는 외국인들에게 이러한 색다른 풍경이 새로운 충격이었을 겁니다."

료안지에 조성된 석정(石庭)은 은유의 정원이다.

바닥에 깔려 있는 새하얀 모래는 드넓은 바다를 상징하고 모래 위에 놓여 있는 돌들은 바다 위에 외롭게 떠 있는 작은 섬들을 상징하고 있다.

사람들의 눈을 현란하게 하는 아름다운 꽃과 나무와 풀이 하나도 없는 이 독특한 정원은 우리들의 삶 속에서 모든 불필요한 것들을 모두 제거하고 오직 '삶의 본질'에만 집중하는 선의 핵심을 침묵으로 표현하고 있다. 생경하기만 한 이 정원을 찬찬히 보고 있으면 마음속의 무거운 생각들이 서서히 비워지는 불교의 공(空)이 생각나기도 하고 노자의 허(虛)가 떠오른다.

무엇보다도 이 정원의 독특한 점은 정원을 조성할 때 돌의 배치를 아주 특별하게 했다는 것이다.

"모두들 지금 정원에 놓여 있는 돌의 개수를 세어 볼래요?"

료안지의 석정(石庭) (ⓒ교토 시 관광청)

"네. 혹시…… 14개가 아닌가요?"

"이 돌들을 배치한 조경 전문가들은 대단한 선의 수행자들이었던 것 같아요. 그들은 저 모래 위에 돌을 모두 15개를 배치했죠. 그런데 그들은 마법 같은 솜씨를 발휘해서 어떤 방향에서 보더라도 14개만 보이도록 조성했답니다."

"아! 그래요?"

가요코 가수는 돌의 개수를 좀 더 정확하게 세기 위해 료안지 석정 앞의 툇마루 양쪽 끝을 오가면서 목을 길게 빼고 다시 한 번 돌의 개수를 확인하기 시작했다. 박상준 대표는 아예 툇마루 위에 성큼 올라서서 손가락을 하나씩 구부리며 차분하게 돌의 개수를 하나씩 세었다.

"14개인데요?"

"하하! 아마도 허공에 드론을 띄워서 이 정원을 촬영 한다면 이 모래 위에 세워진 15개의 돌을 모두 볼 수 있을 겁니다. 그런데 석정을 조성한 장인들은 바다를 상징하는 저 모래밭 위에 돌 들을 절묘하게 배치해서 툇마루에서는 14개의 돌만 보이게 만들었습니다. 그러니까 료안지의 석정 안에는 실제로 15개의 돌이 존재하지만 툇마루에 앉은 사람들의 눈에는 14개의 돌만 보이도록 배열한 것이죠.

정원을 이렇게 조성한 데는 아주 깊은 이유가 있습니다. 그건 우리들

인생에서 눈에 보이는 것만을 믿어서는 안 된다는 것입니다. 인생을 살다 보면 때로는 진실이 겉으로 드러나지 않기도 하죠. 오히려 참다운 진실이 눈에 보이는 외면에 있는 것이 아니라 내밀한 속에 감추어져 있는 경우가 왕왕 있지 않습니까?

그런데 명상은 우리의 인생에서 내면에 감추어져 있는 올바른 진실을 찾아가는 데 큰 도움이 됩니다. 명상을 통해 마음속의 헛된 욕심을 바람처럼 비우고 물처럼 맑게 하면 남들이 보지 못하는 진실을 보는 혜안이 생기는 법이죠. 탁월한 선의 수행자이자 사려깊은 조경 전문가들이었던 그들은 이처럼 15개의 돌들 중에서 1개의 돌을 보이지 않게 하는 마법같은 배치를 통해, 우리들로 하여금 명상의 중요성을 다시 한 번 깨닫도록 해주고 있답니다."

"어머! 정말 신기하네요!"

"우리가 이곳에서 '마음으로 보는 것'의 중요성에 대해 깨달을 수 있다는 것만으로도 정신적으로 크게 성숙하는 겁니다. 때때로 인생의 핵심적인 진리는 눈에 보이는 것에 있는 것이 아니라 오히려 눈에 보이지 않는 것에 있을 때가 있으니까요."

아홉 번째 파워 스팟 힐링 여행

일본 힐링 여행의 마지막 히든 스팟, 백학 온천

1. '환상의 용궁 행 계곡'으로 떠나는 힐링 기차 여행

"와! 어쩌면 이럴 수가 있죠?"
"어머, 마치 신선들이 사는 신비로운 별천지로 들어가고 있는 것 같아요!"
"우와! 정말 환상적이네요."

학을 테마로 하는 마지막 일본 여행지인 '백학 온천'행 기차를 함께 탄 일행은 마치 천진무구한 아기들처럼 연신 탄성을 내지르며 창 밖에서 아예 시선을 떼지 못한다.

일본 제3의 도시인 나고야에서 '일본 3대 온천'인 게로 온천으로 향하는 아름다운 기찻길이었다. 이 기찻길은 예사로운 길이 아니다. 일본 열도에서 가장 아름다운 계곡 위를 '은하 철도 999'처럼 타고 들어가는 환상의 기찻길이기 때문이다.

일본의 명성 높은 작가인 미야자와 겐지가 발표한 소설 『은하철도의 밤』을 원작으로 만든 애니메이션 〈은하철도 999〉는 상상의 열차이지만, 우리가 탄 기차는 인간의 오감으로 모든 것을 직접 느끼고 체험할 수 있

환상의 힐링 여행 (ⓒ나가노 현)

는 현실의 용궁행 기차이다.

나고야에서 출발한 개로 온천행 기차가 짙은 초록색으로 온통 뒤덮힌 굽이를 돌 때마다 맑은 물이 넘실거리는 계곡이 끝없이 이어지고, 작은 계곡과 큰 계곡이 함께 만나 큰 여울을 이룬 곳에서는 수많은 물줄기들이 세차게 부딪히면서 하얀 물보라가 허공으로 파도처럼 솟구쳤다. 거대한 화강암이 끝없이 이어지는 계곡 곳곳에는 희뿌연 물안개가 숲을 휘감고 맑은 물이 급류처럼 흐르는 계곡 사이에는 거대한 은회색 바위가 마치 용의 비늘처럼 번쩍거린다.

태고의 거대한 숲 내음이 허공을 가득 채운 계곡을 따라 올라가면서 수정처럼 맑은 물이 기기묘묘한 모습의 바위 위로 힘차게 생동하는 모습이 바로 눈앞에서 파노라마처럼 펼쳐지는 장엄한 광경을 보고 있으면 온몸에서 고요히 잠자고 있던 모든 감각이 일제히 탄성을 지르며 축제를 벌이는 것 같은 느낌을 받는다. 그리고 그 위로 백학(白鶴) 여러 마리가 커다란 날개를 활짝 편 채 우아한 비행을 시작한다.

"정말 마법의 세계 속으로 들어온 것 같아요."

"와, 금방이라도 숲의 요정들이 아름다운 노래를 부르면서 나타날 것 같아요."

"시야에 들어오는 것은 오직 물과 바위와 숲밖에 없네요."

"나는 이곳을 일본에서 유일한 '용궁으로 가는 계곡'으로 부른 답니다."
"정말 그렇네요.. 계곡이…… 장관이에요."
"물이 그냥 흐르는 게 아니라, 그야말로 거대한 폭포수처럼 쏟아져요."
"그냥 계곡을 바라보기만 해도 모든 근심 걱정들이 물과 함께 깨끗하게 씻겨 나가는 것 같네요."

이 계곡은 일본에서 가장 눈이 많이 내리는 지역으로 유명한 북쪽의 도야마와, 동계 올림픽이 열렸던 나가노와, 게로 온천이 있는 북부 고산지대가 접경을 이룬 곳이다. 흔히 '일본 알프스'라고 할 정도로 험준하고 가파른 심산유곡에서 흘러내린 수정처럼 맑은 물이 새하얀 암반을 타고 내려오는 지상의 용궁이다.

일본 최고의 내륙인 나가노 현과 도야마 현과 게로 온천이 위치한 기후 현 일대는 '일본 알프스'라고 불리는 해발 2,000m가 넘는 고산준령으로 유명한 산악지역이다. 나가노 현·기후 현·도야먀 현 경계의 히다 산맥은 '북 알프스'라 부르고, 나가노 현 남부의 기소 산맥은 '중앙 알프스'라 부르고, 나가노 현과 '후지산'이 있는 시즈오카 현 경계의 아카이시 산맥은 '남 알프스'라고 부른다.

특히 나고야에서 출발한 JR 다카야마 선 기차의 종착역인 도야마는 일본에서도 눈이 많이 오기로 유명한 지역으로 매년 11월부터 2월까지 평균 적설량이 7m를 넘는다. 그래서 겨우내 쌓인 새하얀 눈 사이로 이동 통로인 '유키노오타니'를 내는 봄에는 길 양쪽의 설벽의 높이가 무려 20m나 된다.

그리고 도야마에서 해발 3,015m의 최고봉인 다테야마 봉이 우뚝 서 있는 '일본 알프스'를 지나 일본 정중앙의 두메산골인 나가노 현으로 이어지는 길(알펜루트)은 세계적인 산악 관광 루트이다.

'북 알프스'의 수려한 고봉과 태고의 원시 경관을 느낄 수 있는 이 길은 엄청나게 쌓인 눈 때문에 11월부터 4월까지 아예 폐쇄된다. 그러나 일본의 '북 알프스'와 '중앙 알프스'와 '남 알프스'가 중첩되는 태고의 고산준

도야마의 설벽 통로 (ⓒ나가노 블로그_나가노 왜 안 가노)

령들이 뿜어내는 청신한 영기(靈氣)로 가득한 이 일대는 겨울이면 새하얀 눈꽃들이, 봄이면 지천으로 깔리는 야생화들이, 여름이면 녹음 짙은 숲이, 가을이면 하늘까지 새빨갛게 물들일 것 같은 단풍이, 밤이면 숨막힐 듯 영롱한 꽃별들이 온 하늘을 가득 채우는 야생의 대자연이 파노라마처

나가노 고원 (ⓒ나가노 현)

럼 펼쳐진다.

　나고야에서 북부의 게로 온천으로 향하는 JR 다카야마 선 기찻길 옆에는 이 같은 일본 최대의 원시림 지대에서 발원한 수정처럼 맑은 물이 아름다운 계곡을 따라 구비구비 흘러내린다.

　"나는 일본에서 마음을 정화시키고 싶을 땐 항상 이 기차를 탑니다. 여긴 일상의 삶에서 받아야 했던 마음의 묵은 먼지들을 말끔히 씻어내기에는 정말 최상의 장소랍니다."

　나는 일본에서 모든 일정이 다 끝나고 나면, 낮에는 이 기차를 타고 환상의 계곡을 올라가고 또 저녁에는 깊은 숲속의 온천마을에서 밤하늘의 무수한 별들을 바라보며 백학과 함께 깊은 명상 여행을 떠난다. 이곳은 내가 은밀하게 꼭꼭 숨겨 놓은 오직 나만의 일본 힐링 여행의 마지막 히든 스팟(Hidden Spot)이다.

　나는 백학이 춤추는 게로 온천으로 향하는 기차를 타기 전에 일행과 함께 나고야를 다녀왔다. 2026 아세안게임 개최지인 나고야에는 일본에서 가장 찬란한 빛을 내는 학 그림을 소장하고 있는 파워 스팟이 있다. 바로 오사카 성과 구마모토 성과 함께 '일본 3대 성'으로 명성이 자자한 나

나고야 성 (ⓒ나가노 현)

고야 성이다.

　일본 최대의 섬 혼슈의 중부지역에 있는 아이치 현의 현청이 위치한 나고야는 도쿠가와 이에야스의 어린 시절과 깊은 인연이 있는 곳이다.

　아이치 현의 동부 지역인 미카와국 오키자키 성에서 태어난 도쿠가와 이에야스는 8살도 되지 않은 어린 나이에 나고야에서 2년 동안 인질생활을 해야 했다. 그는 수많은 굴욕과 수모를 인내하고 때를 기다리는 기나 긴 인고의 세월을 보낸 것이다. 결국 일본의 최고 권력자인 쇼군의 자리에 오른 그는 에도 성과 오사카 성 사이에 있는 나고야 성을 중부지역 최대의 성으로 만드는 작업을 지시한다.

　일본에는 '3대 천하인'으로 추앙받는 오다 노부나가 · 도요토미 히데요시 · 도쿠가와 이에야스의 성격을 특징짓는 고사(古事)가 전해지고 있다. 즉, 잘 울지 않고 침묵을 지키고 있는 두견새가 있을 경우에 성격이 불같이 급한 오다 노부나가는 두견새를 단 칼에 베어 죽이고, 꾀가 많은 도요토미 히데요시는 두견새를 살살 구슬러 울게 만들고, 참을성이 많은 도쿠가와 이에야스는 두견새가 오랜 침묵을 깨고 결국 울 때까지 끝까지 인내하면서 기다린다는 내용이다.

　특유의 인내심 때문에 결국 성공을 쟁취한 일본의 쇼군으로 명성이 높은 도쿠가와 이에야스는 자신의 아홉 번째 아들인 도쿠가와 요시나오를 위해 나고야 성을 축성했다. 그리고 에도 막부의 제3대 쇼군이었던 도쿠가와 이에미츠가 교토로 갈 때 나고야 성에서 숙박을 했다.

　제3대 쇼군인 도쿠가와 이에미츠는 임진왜란 이후 에도 막부를 방문한 문화외교사절이었던 조선통신사를 무려 세 차례나 맞이한 쇼군으로도 유명하다. 1624년 · 1636년 · 1643년 도합 세 차례나 한양에서 출발한 수백 명의 조선통신사 일행을 접견하고 큰 잔치를 베푼 그는 자신의 기쁜 마음을 다음과 같이 표현했다.

　"수백 명의 조선통신사 일행이 세 차례나 에도를 방문했다. 이것은 도쿠가와 이에야스 할아버지와 도쿠가와 히데다타 아버지 시대에도 없던

조라구텐 (ⓒ나가노 현)

대단히 경사스럽고 감격스런 일이다."

'일본 3대 성' 중에서도 황금으로 치장한 가장 찬란한 방들을 갖고 있기로 명성이 높은 나고야 성에서 혼마루 궁전은 '일본 국보 1호'이다. 그런데 혼마루 궁전에서 가장 중요한 장소는 조라구텐이다. 왜냐하면 에도시대에 일본 최고의 권력자였던 도쿠가와 이에야스 가문의 쇼군과 다이묘의 숙소였던 조라구텐에는 일본의 수많은 성들 중에서 가장 찬란한 황금으로 그려진 화려한 백학 그림이 있기 때문이다.

나는 '일본 3대 성'인 나고야 성에서 '일본의 가장 화려한 백학 그림'을 바라보면서 문득 고구려의 백학 그림이 떠올랐다.

중국의 노장 철학이 고구려에 전해진 후, 고구려인들은 노장 사상가들의 오랜 바램인 신선사상을 생활 속에서 즐겼고 신선사상의 중심에는 백

조라구텐의 백학 그림

학이 있었다.

한반도와 만주를 호령했던 고구려가 가장 번영했던 장수왕(394~491) 시절에 고구려의 왕성인 국내성은 만주 통화의 집안 지역에 있었다. 장수왕의 무덤인 '장군총'과 왕성을 방어하는 '환도산성'과 유명한 '광개토대왕비'가 세워져 있는 집안 지역과 고구려의 마지막 수도였던 평양 일대에는 80여 개의 중요한 고분들이 있다.

그 고분들 속에는 고구려인들의 문화와 풍습과 역사를 알려주는 다양한 벽화들이 있다. 고구려와 백제와 신라를 거쳐 일본으로 전해진 '동아시아의 신선사상이 그림으로 남아 있는 최초의 벽화'가 있는 고분이 바로, 오회분 4호이다. 80여 개의 고분에 그려진 벽화들 중에서 예술성이 가장 풍부한 것으로 유명한 오회분 4호 벽화 속에는 인류 문명의 기원이 된 신들의 그림으로 가득하다.

'해의 신'과 '달의 신'을 위시해서 철기문명을 연 '제철의 신'·이동의 혁명을 일으킨 '바퀴의 신'·소 머리에 사람의 몸을 하고 벼 이삭을 손에 든 '농사의 신'에 이르기까지, 마치 그리스 로마신화에 나오는 수많은 신들

승학 비천도(乘鶴 飛天圖) 벽화

의 모습처럼 생생한 그림들이 남아 있다. 그런데 그 그림들 속에 백학을 타고 창공을 나는 신선이 그려진 '승학 비천도(乘鶴 飛天圖)' 벽화가 모습을 드러내고 있다.

이처럼 고구려의 벽화들 중에서 가장 예술성이 뛰어난 '오회분 4호 벽화'에 나오는 신선문화의 대표적인 예술 테마인 백학은 한반도와 일본 열도 곳곳에서 이처럼 면면히 이어지고 있다.

"와우, 그동안 일본에서 본 학 그림들 중에서 가장 화려한 백학 그림이네요."

"정말 눈이 부실 지경이에요."

머리에 선명한 붉은 색이 있는 백학을 특별히 단정학(丹頂鶴)이라고 부른다. 백학의 정수리에 있는 새빨간 부분을 옛 선조들은 닭의 머리 위에 있는 벼슬처럼 높은 관직을 상징한다고 생각했다. 그래서 단정학을 "수많은 사람들이 우러러보는 만인지상(萬人至上)의 새"라고 부르기도 했다.

〈대장금〉 같은 드라마를 보면 왕궁에서 임금님과 함께 정사를 돌보는 지체 높은 대신들의 빨간색 관복에는 어김없이 단정학의 문양을 새긴 흉배를 가슴과 등 부위에 부착한 것을 볼 수 있다. 특히 왕궁에서 근무하는 수많은 대신들 중에서도 지금의 총리나 부총리에 해당하는 영의장·좌의정·우의정 세 사람은 '만인지상(萬人至上)의 고위 관직'에 있기 때문에 두 마리의 단정학을 수놓은 흉배를 붉은 관복에 부착했다.

쌍학 흉배

백학은 노장사상에 나오는 '무병장수의 상징'일 뿐 아니라 입신양명(立身揚名), 즉 성공의 상징이기도 했다. 그래서 조선의 선비들은 심신의 건강을 기원하고 인생의 성공을 기원하는 백학의 상서로운 기운을 온몸으로 받기 위해 학을 수놓은 병풍을 방 안에 두고, 학의 문양이 들어간 베게를 머리에 베고, 학의 문양을 수놓은 이불을 덮고 잠자리에 들었다. 또한 사랑방에는 학의 문양이 새겨진 도자기를 놓았고, '백학도(白鶴圖)'나 '송학도(松鶴圖)'를 걸었고, 학의 모습을 디자인한 전통 의상인 '학창의'를 입었다. 그리고 학의 긴 날개를 연상시키는 새하얀 두루마기를 입은 채 우아하고 고고하고 기품 있는 학춤을 추면서 백학처럼 청신하고 고결한 선비정신을 예술로 표현했다.

2. 대자연 속에서 '노자의 물'과 만나는 명상 여행

"아! 이처럼 청정한 자연 속을 기차로 지나가면서 눈 호강과 귀 호강도 하고, 또 명상 여행과 온천도 할 수 있다니. 마치 축복 같아요."

용궁행 계곡 기차

"저는 공연 때문에 일본 열도 여러 곳을 여행했지만 이렇게 아름답고 환상적인 계곡 속을 기차로 달리는 명소가 있는 줄은 전혀 몰랐어요."

"전 세계에 경치가 아름다운 곳은 굉장히 많습니다. 그리고 원시의 대자연 속에 있는 오지도 무척 많아요. 그런데 이곳처럼 청정한 대자연의 생생한 속살 한가운데를 기차로 지나가면서 온천과 명상을 함께 즐길 수 있는 곳은, 아마도 일본에서 이곳이 유일한 것 같습니다."

"그래서 나는 이곳이 일본 내에서 청정한 계곡을 흐르는 청량한 물의 기운을 오롯이 누릴 수 있는 천혜의 여행 명소라고 생각하죠."

상선약수(上善若水)

노자의 지혜가 담겨 있는 도덕경(道德經)에 나오는 '상선약수'는 물(水)이 갖고 있는 진정한 가치를 칭송하는 글귀이다.

동양의 옛 선인들은 물이 여덟 개의 덕(德)을 갖고 있다고 했는데 이것을 수유팔덕(水有八德)이라고 했다.

수유팔덕의 첫 번째는 겸손이다.

물은 언제나 높은 곳에서 낮은 곳을 향해 흐른다. 우리는 흐르는 물을 바라보면서 자신의 몸을 한없이 아래로 낮추는 진정한 겸손을 배운다.

행운의 여신은 결코 거만한 자에게 미소를 보내지 않는다.

세상에는 기고만장하거나 오만불손한 언행을 아무 거리낌없이 하는 사람들이 있다. 그런 사람들은 안하무인(眼下無人)으로 상대방을 함부로 대하거나 두 눈을 부라리거나 언성을 높이기도 한다. 그들의 마음속은 자만심으로 가득 차 있고 교만함이 하늘을 찌를 정도이기 때문이다.

그러나 겸손한 사람들은 자신을 스스로 낮추고 음성이 부드럽고 행동이 유순하다. 그들은 눈을 함부로 부릅뜨지 않고 느닷없이 격분해서 상대방을 당혹하게 하지 않는다.

행운의 여신은 그처럼 겸손한 사람을 좋아한다.

만약 우리의 인생에서 불운을 피하고 행운의 여신을 만나고 싶다면 기(氣)를 부드럽게 연마하고 겸양지덕(謙讓之德)을 쌓아야 한다. 그러면 우리의 인생에 길(吉)하고 복스러운 일을 선물하는 행운의 여신이 두 손을 따뜻하게 잡아줄 것이다.

두 번째로 물은 하천이나 계곡이나 강을 흐르다가 행여 큰 장애물을 만나게 되면 그 장애물을 비켜 옆으로 돌아간다. 여기에서 우리는 '막히면 돌아간다'는 삶의 순리와 지혜를 배울 수 있지 않을까?

세 번째로 거대한 강에는 맑은 물만 흐르는 것이 아니라 온갖 더러운 구정물도 함께 흐른다. 그런데 강은 수많은 물을 가슴에 안고 유유히 흐르면서 탁류를 서서히 정화시킨다. 여기에서 우리는 물의 세 번째 덕인 정화(淨化)의 힘을 배울 수 있다.

네 번째로 배워야 할 수유팔덕은 물의 융통성이다.

물은 자신을 담는 모든 것과 모양을 공유한다. 사각형 그릇 속에서는 자신의 모습이 사각형이 되고 둥근 술잔 속에서는 자신의 모습이 둥근 술잔의 모양이 된다. 모든 것을 품을 수도 있고 모든 것에 흡수될 수도 있는 물의 변화무쌍함은 참으로 놀랍다.

다섯 번째는 외유내강의 힘이다.

겉으로는 부드럽기 한이 없는 물이지만 단단한 바위에 구멍을 낼 정도로 강렬한 힘을 갖고 있다. 수십 년 혹은 수백 년 동안 해안의 단단한 바위와 거대한 절벽을 끈기 있게 때리는 파도는 결국 바위에 커다란 구멍을 내고 해안의 지형을 바꾼다.

여섯 번째는 용기이다.

계곡이나 강을 흐르는 물이 수직으로 떨어지는 가파른 낭떠러지를 만나게 되면 그 물은 흐르는 것을 멈추지 않고 온몸을 던져 절벽 아래로 담대하게 떨어지면서 거대한 폭포수를 만들고 또 폭포 주변에 아름다운 일곱 빛깔의 무지개를 만든다.

인생의 백척간두에서 자신의 운명과 마주선 일촉즉발의 위기에서 때로는 폭폭수의 물처럼 모든 것을 미련없이 내려놓고 천 길이나 되는 벼랑 아래로 떨어질 수 있는 담대함과 살신성인(殺身成仁)의 용기에 대해 많은 생각을 하게 된다.

일곱 번째는 투명함이다.

순수한 물은 아무런 색깔이 없다. 그래서 물 속에 있는 것들을 있는 그대로 투명하게 보여준다. 인류의 역사를 상고해 보면 사회를 혼탁하게 만드는 것들이 너무나 많다.

거짓말, 부정직, 위선, 은폐, 기만, 음모…….

이러한 음습한 단어들은 사회를 병들고 곪게 만드는 암적인 요소들이다. 사회의 건강한 시스템을 무너뜨리는 수많은 부정과 부패의 독버섯들은 그처럼 음습한 단어들 속에서 기생한다. 그래서 우리들은 물의 투명함 속에서 신뢰의 바탕이 되는 진실과 정직의 소중함을 진지하게 배워야 할 필요가 있지 않을까?

동아시아에서는 학문에서 배운 것을 일상생활 속에서 진실하게 실천하는 언행이 일치하는 선비를 군자(君子)라고 부르며 많은 사람들이 존경했다. 그런 군자들이 좋아하는 문장이 있다.

지자요수 인자요산(智者樂水 仁者樂山)

공자(孔子)께서 말씀하신 '지혜로운 사람은 물을 좋아하고 인자한 사람은 산을 좋아한다'는 문장처럼 물의 여덟까지 가르침인 수유팔덕을 사유한다면 더욱 지혜로운 사람이 될 수 있지 않을까?

마지막 여덟 번째는 거대한 생명력이다.

물은 이 세상의 모든 생명을 살아 있게 만드는 원천이다. 식물이든 동물이든 가리지 않고 모두 다 물이 없으면 결코 생명을 유지할 수가 없으니 그야말로 물은 만물의 생명수(生命水)이다.

그리고 거대한 물은 인류의 문명을 만든 원천이었다. 인류의 4대 문명이 모두 강변에서 탄생되었다. 나일 강에서 이집트 문명이, 유크라테스 강과 티그리스 강에서 메소포타미아 문명이, 갠지스 강과 인더스 강에서 인도 문명이, 황하에서 고대 중국 문명이 탄생했다.

그리고 물은 문명만 탄생시킨 것이 아니라 인류의 문화도 태동시켰다. 지구의 곳곳을 흐르는 수많은 물줄기들은 산과 계곡과 들판의 광경을 멋지게 변화시켰고 그러한 자연의 아름다운 풍광을 보고 감동한 사람들은 시를 짓고 춤을 추기 시작했다.

게다가 하늘에서 떨어지는 빗줄기들은 또 얼마나 아름다운 음악이었을까?

따뜻한 봄날에 어린 새싹 위로 수줍게 떨어지는 부드러운 빗방울 소리. 한 여름에 짙은 먹구름속에서 하염없이 쏟아지는 장대 같은 소낙비의 합창. 환한 햇살을 가득 머금은 고운 단풍 잎 위로 추적추적 내리는 고독한 가을 비. 만물이 꽁꽁 얼어붙은 엄동설한에 산과 들판 위로 소복소복 쌓이는 겨울 눈의 소나타.

산 속의 옹달샘 위로 퐁당퐁당 떨어지는 비 소리.

숲의 넓은 활엽수 위로 후두두둑 떨어지는 비 소리.

마치 폭죽이 터진 듯이 바위 위로 거칠게 떨어지는 우박 소리.

아마도 이 모든 소리들은 각각 비트가 다른 음악이 되고 즉흥적인 구음이 되고 아름다운 멜로디가 되었을 것이다.

3. 애니메이션 <너의 이름>의 배경인 JR 다카야마선 문화 여행

게로 온천으로 향하기 위해서는 나고야에서 JR 다카야마 선 기차를 타고 '일본 알프스'의 고산준령들이 높은 병풍처럼 드리워져 있는 북방의 산악지대를 향해 90분을 달려야 한다.

JR 다카야마 선 기차는 일본의 따뜻한 남쪽 바다인 세토내 해가 보이는 나고야에서 출발해서 가장 북쪽에 있는 '설국(雪國)'인 도야마로 이어지는 '드레곤 코스(Dragon Course)'를 달리는 기차다. 90%가 험준하고 가파른 북부의 삼림지대인 개로 시와 92%가 삼림지대인 다카야마 시를 경유하기 때문에, 문자 그대로 달리면서 천혜의 삼림욕을 즐길 수 있는 최고의 힐링의 기찻길이다.

일본 최대의 섬 혼슈의 중부지역인 이 일대는 마치 '하늘로 승천하는 용의 모습을 닮았다'고 해서 '소류도 관광루트'로 유명한데, 그중에서도 JR 다카야마 선 기차가 나고야에서 북쪽으로 향하는 이 노선을 특별히 '드레곤 코스'로 부르고 있다.

드레곤 코스는 일본의 유명 애니메이션 〈너의 이름〉의 배경으로도 알려져 대단히 유명해졌다.

전 세계에서 일본 애니메이션 사상 최고의 흥행을 올렸고 한국에서도 일본 애니메이션 역대 흥행 3위인 400만 명이 넘는 관객을 모은 〈너의 이름〉의 감독은 신카이 마코토이다. 그는 또 다른 재난영화인 〈스즈메의 문단속〉을 통해 한국에서 500만 명이 넘는 관객을 모은 탁월한 창작자이다. 한국도 여러 번 방문한 그는 여배우인 한예나와 함께 토크쇼를 진행하기도 했었다.

신카이 마코토 감독의 〈너의 이름은〉 포스터

내가 신카이 마코토 감독에 대한 이야기를 꺼내자 옆에 앉아 있던 가요코 가수가 활기찬 음성으로 흥미로운 이야기를 들려준다.

"신카이 마코토 감독의 고향은 저와 같은 나가노예요. 우리

온천욕하는 원숭이 (ⓒ지고쿠다니 야생 원숭이 공원)

가 지금 올라가는 기차의 북동쪽에 위치한 나가노는 1998년에 동계올림픽을 개최할 정도로 일본에서도 오지로 유명한 산악지대랍니다. 혼슈의 가장 내륙 깊숙한 오지에 자리잡고 있는 나가노는 '전국에서 가장 바다와 널리 떨어진 곳'인 사쿠 시가 있는 지역으로도 유명하죠.

그리고 한국에서 소지섭과 손예진이 주연으로 등장한 멜로 로맨스 영화인 〈지금 만나러 갑니다〉의 원작인 일본 영화 〈지금 만나러 갑니다〉에 나오는 대부분의 영상을 나가노에서 촬영할 정도로 나가노는 천혜의 자연환경을 오롯이 간직하고 있는 심산유곡이에요.

나가노 현은 일본의 해발 2,000m에서 3,000m가 넘는 20개의 높은 산들 중에서 9개가 위치한 험준한 남 알프스의 고산지대이자 '일본의 지붕'이죠. 나가노 현은 '일본의 3대 비경'과 '일본 최고의 하이킹 지역'과 원숭이들이 온천욕을 하는 '야생 원숭이 공원'으로 유명하죠.

그래서 나고야에서 JR 다카야마 선 기차를 타면 게로 온천욕은 물론이고 인근의 소도시인 다카야마 역과 히다 후루카와 역 주변에서 다양한 문화여행도 할 수 있어요."

잠시 후, 게로 기차역에 내린 우리 일행은 고개를 들어 앞을 바라보았

게로 온천 (ⓒ게로온천 여관협동조합)

다. 일본 열도에서 가장 아름다운 계곡 속에 보석처럼 은밀하게 숨어 있는 '일본의 3대 명천'인 게로 온천이 물안개 속에 신비롭게 서 있었다.

에도시대에 이곳을 처음 방문한 유학자 하야시 라잔이 '게로 온천이 아리마 온천과 구사쓰 온천과 함께 일본에서 제일이다'라는 찬사를 한 이 온천은 가마쿠라 막부시대(1185년~1333년)인 13세기부터 일본인들의 사랑을 듬뿍 받았다.

특히 게로 온천은 투명한 알칼리성 수질이라 온몸에 부드럽게 감기면서 피부를 매끄럽게 하는 미네랄 성분이 많이 함유되어 있어 일명 '미인천'이라고 불리기도 한다.

일본인은 물론이고 외국 관광객들도 온천수에서 은은한 향이 배어 나오는 게로 온천을 많이 찾는데 그들 중에는 미국의 유명한 배우이자 감독이었던 찰리 채플린도 있었다.

게로 시에는 '일본 3대 명천'이라는 찬사를 남긴 일본 유학자 하야시 라잔의 동상이 세워져 있고 게로 온천에는 미국의 유명한 배우 찰리 채플린 동상도 세워져 있다. 또한 게로 온천의 발음이 개구리를 의미하는 '카에루'가 내는 울음소리인 '케로케로'와 비슷하기 때문에 이곳에는 개구리를 컨셉으로 하는 푸딩도 팔고 또 개구리를 모시는 작은 신사도 있을 정도다.

게로 온천에는 아침에만 문을 여는 시장인 '이데유 아사이치'가 있다. 이 시장에 가면 산촌에서 수확한 신선한 로컬 푸드인 야채와 과일과 인기 높은 토마토 주스와 블루베리 잼를 살 수 있고 또한 오래된 전통주와 다양한 민예품들도 구경할 수 있다.

노천 온천탕 (ⓒ게로온천 여관협동조합)

또한 여름인 7월 중순에서 8월 하순의 토요일에는 저녁에 야시장을 운영하는 '이데유 요이치'가 있어서 게로 온천의 색다른 야간문화를 즐길 수 있다. 그리고 게로 온천에는 히다가와 강 옆에 노천탕인 '훈센이케'가 개방되어 있어 누구나 수영복 차림으로 자유롭게 온천욕을 즐길 수 있다.

게로 온천의 또 다른 특징은 여덟 곳의 족욕탕이 곳곳에 산재되어 있기 때문에 산책을 즐기다가 누구나 신발을 벗고 편안하게 족욕을 즐길 수 있다. 그뿐 아니라 '시라사기노유'와 '사치노유'와 '쿠아가든 로텐부로'를 포함해서 모두 세 개의 공중목욕탕이 있어서 숙박을 하지 않는 사람들도 당일치기로 일본의 3대 명천인 게로 온천을 즐길 수 있다.

또한 자신이 숙박하지 않는 다른 곳의 온천도 이용하고 싶은 관광객들은 온천 패스포트인 '유메구리 테가타'를 종합관광안내소나 편의점에서 구입하면 된다. '유메구리 테가타'를 구입한 관광객들은 게로 온천의 24군데의 료칸 목욕탕 중에서 3곳을 자유롭게 선택해서 이용하는 '온천순례(유메구리)'를 할 수 있다.

게로 온천에는 온천욕과 식사를 마친 관광객들이 산책하기 좋은 코스가 많이 있다. 고젠산에서 흘러내리는 물이 보이는 아구치 다리 쪽으로 올라가면 우조 공원과 사이지키 숲을 만날 수 있다. 특히 사이지키 숲 옆

게로 온천 합장촌 (ⓒ게로온천 여관협동조합)

에는 시라카와고의 전통 가옥을 전시한 '게로 온천 갓쇼 마을'이 있고 또 그 옆에는 4월부터 11월까지 매일 아침에 문을 여는 아침시장인 '이데유 아사이치'가 있다.

이곳은 아침에 운동을 겸한 산책을 하기에 좋은 코스이다. 좀 더 가벼운 산책을 원하는 관광객들은 시라사기 다리 주변에 있는 마을 길을 유유자적하게 거닐면서 마을 곳곳에 있는 개구리 캐릭터 사진을 찍고, 개구리 신사를 구경하고, 온천 박물관을 방문하는 것도 좋은 코스이다.

천혜의 대자연이 뿜어내는 맑은 공기와 미인의 피부를 만드는 뜨거운 온천수와 맛있는 음식들이 식욕을 참지 못하게 하는 게로 온천에서 숙식을 하면서 하루를 푹 쉰 관광객들이, 일본의 아기자기한 옛 전통문화를 낭만적으로 즐길 수 있는 곳이 또 하나 있다. 게로 온천에서 기차를 타고 북쪽으로 한 시간이면 도착하는 다카야마이다.

'북 알프스'인 험준한 히다산맥 아래의 고지대에 '도쿠가와 막부 직할의 다카야마 성이 있었고 성 아래의 마을인 조카마치(城下町)가 번영했다'는 것은 정말 대단한 역사이다.

JR 다카야마 선 기차에서 내려 다카야마 시내로 들어가면 미야가와 강 주변으로 일본 전통 가옥들이 아기자기하게 모여 있는 정겨운 모습이 펼쳐진다. '작은 교토'라는 별칭이 있을 정도로 4백 년 전 에도시대의 경관이 잘 보존되어 있는 다카야마에는 그 당시 관청이었던 다카야마 진야가 있다.

일본에서 유일하게 현존하는 에도 막부시대의

개구리 캐릭터

관청 건물인 다카야마 진야 옆의 미야가와 강에는 관광객들의 포토 존으로 유명한 나카바시(붉은 다리)가 있다. 나카바시를 통해 강을 건너가면 마치 타임머신을 타고 옛날로 돌아간 듯한 착각을 일으키게 하는 에도시대의 변화가인 산마치 거리가 은밀한 모습을 드러낸다!

에도시대에는 다카야마 산마치의 가옥들의 높이가 관청인 다카야마 진야보다 낮아야 했다. 그래서 산마치의 골목으로 들어서면 일본 특유의 격자무늬 창살들이 붙어 있고 삐그덕 거리는 소리가 들리는 미닫이문이 달려 있는 옛스러운 목조 가옥들이 즐비하다. 그 목조 가옥들이 비록 키가 낮은 빛 바랜 모습을 하고 있지만 모두 다 멀리서 찾아온 국내외 관광객들을 위한 예쁘고 앙증맞은 가게들이다.

산마치 골목에는 카페, 레스토랑, 전통 공예품 가게, 지역 특산품 가게 등이 즐비하다. 그리고 '북 알프스'에서 발원한 맑은 물로 빚은 사케를 빚는 곳이 일곱 군데나 있어서 일본 산촌마을의 전통 사케를 체험할 수도 있다.

미야가와 강변에는 '일본 3대 아침 시장'이 매일 오전에 열린다. 미야가와 아침 시장에 가면 산촌에서 농부들이 직접 재배한 신선한 야채·과일·일본 전통의 곰삭은 절임 반찬들을 살 수 있고, 오코노미야키·푸딩·다양한 꼬치구이·당고를 비롯한 길거리 음식을 맛볼 수 있다. 또한

에도시대 전통거리 (ⓒ게로온천 여관협동조합)

다카야마 '전통 행운의 인형'인 사루보보도 볼 수 있다. 사루는 '원숭이'를 의미하고 보보는 '아기'를 의미하는데 '액을 물리치고 복을 부른다'는 다카야마의 부적 인형이다.

그리고 이 산촌에서 먹을 수 있는 대단히 특별한 음식이 있는데 그것은 놀랍게도 '일본 3대 와규'인 히다규이다. 고베규와 마츠시다규와 함께 '일본 3대 와규'로 유명한 프리미엄 와규인 히다규를 넣은 라멘도 다카야마 시내에서 맛볼 수 있다.

다카야마의 전통 거리인 산마치에서 4백 년 전 에도시대로 시간 여행을 한 다음에 버스를 타고 50분만 이동하면 '일본의 스머프 마을'인 시라카와고에 갈 수있다.

일본에서도 산간마을인 시라카와고는 대단히 독특한 경관을 자랑하는 이색적인 마을이다. 두메산골에 파묻혀 있는 시라카와고를 세계적인 관광지로 유명하게 만든 것은 이곳에 있는 갓쇼 즈쿠리이다.

'스님이 두 손으로 합장하는 모양'이란 의미를 가진 갓쇼 즈쿠리는 60도가 넘는 가파른 경사를 가진 지붕을 가진 이곳 특유의 가옥이다. 밭에서 나는 이엉으로 만든 두꺼운 지붕을 가진 3층 높이의 갓쇼 즈쿠리는 1995

년에 유네스코의 세계문화유산에 등재된 인류의 유산이다. 특히 겨울에는 높이 3m나 되는 새하얀 눈을 지붕에 이고 있는 갓쇼 즈쿠리에 불을 밝히는 라이트 업 행사를 하는데 그 모습이 무척 신비롭고 몽환적이다.

시라카와고 마을이 한눈에 조망되는 전망대에 올라 '스님이 두 손으로 합장하는 모양'을 연상시키는 갓쇼 즈쿠리들을 바라보면 그곳이 '일본의 스머프 마을'이라고 불리는 이유를 알 수 있다.

"다카야마 역에서 기차를 타고 15분만 북쪽으로 올라가면 애니메이션 〈너의 이름〉의 배경 화면으로 가장 많이 나온 히다 후루카와 시에 갈 수 있어요. 다카야마 역과 히다 후루카와 역은 불과 15분 거리에 위치하고 있지만 히다 후루카와 시는 훨씬 한적한 곳이죠. 히다 후루카와 시에도 4백 년 전 에도시대의 모습을 볼 수 있는데, 이곳에서는 팔뚝만 한 잉어가 유유히 헤엄치는 수로를 따라 산책하는 길이 무척 예쁘답니다.

히다 후루카와시는 히다 산맥의 깊은 산골에서 생산되는 질 좋은 목재로 전통 목조가옥을 짓는 목수들이 유명했어요. 그래서 이곳에는 고풍스러운 목재주택 전시장을 비롯해서 수공예 박물관과 종이 공예 공방과

시라카와고의 갓쇼 즈쿠리 (ⓒ일본 정부 관광국 JNTO)

전통 양초 전문점이 있고, 다카야마처럼 전통 사케를 맛볼 수 있는 양조장도 있답니다."

다음 날, 게로 온천을 출발해서 다카야마와 시라카와고와 히다 후루카와에서 일본 문화 여행을 마친 우리는 다시 게로 온천 마을 안에 있는 전통 료칸(旅館)으로 향했다.

늦은 저녁에 료칸에 도착하니 기품 있는 기모노를 말끔하게 차려 입은 중년의 여주인이 우리를 반갑게 맞이해 준다.

우리가 어젯밤 머물던 방에서 여주인이 정성껏 차려준 가이세키(懷石) 요리로 저녁식사를 한 일행 모두는 료칸에서 제공한 얇은 유카타로 다시 갈아 입고 싱그러운 풀냄새가 은은하게 풍기는 다다미가 깔려 있는 휴게실로 향했다.

휴게실 안으로 들어서니 전통 기모노를 입은 여주인이 구름 속을 나는 백학의 모습이 그려진 백자로 만든 찻잔에 따뜻한 녹색의 말차를 담아 나무 탁자 위에 살그머니 올려놓는다.

차를 마시면서 찬찬히 둘러보니 학을 모티프로 한 아름다운 예술작품

시라카와고 마을 전경 (ⓒ시라카와고 관광협회)

들이 휴게실 안을 가득 메우고 있는 게 아닌가? 또 그 휴게실 안 낡은 탁자 위에는 독특한 기운을 뿜어내는 기품 있는 학 조각 작품 한 쌍이 놓여 있었다. 단단하고 광택나는 짙은 검붉은 색의 흑단(黑檀)으로 조각된 학(鶴)은 암 수 두 마리가 함께 가냘픈 목을 길게 빼고 하늘을 향해 고고한 노래를 부르는 모습이었다.

"이곳은 세상의 모든 일을 모두 떨쳐버리고 깊은 산속의 비탕(秘湯)에 오랫동안 머물면서 도시의 바쁜 삶에 지친 현대인들이 심신을 치유하는 일본의 '탕치문화(湯治文化)'를 즐기기에 아주 좋은 온천이죠."

"작가님, 그런데 조금 전에 온천 마을로 들어오는 입구에 커다란 백학 조각상이 세워져 있더군요?"

"그건 여기에 온천을 발견한 최초의 계기가 백학이었기 때문이죠."

"아, 백학 때문에 온천이 발견되었나요?"

"먼 옛날에 다리를 다친 백학이 이곳으로 날아와서 물이 솟아나는 웅

백학 청자 연적(硯滴) / 군학도 설치 예술 / 군학도 황금 부채 조형물 / 송학문 주전자와 잔

화분 위의 학 / 송학문 도자기 / 학 접시

덩이 속에 몸을 담그고 있었답니다. 그런데 나중에 상처가 다 나은 백학이 날아간 후에 산촌 사람들이 웅덩이에 와서 보니 뜨거운 물이 솟구치는 것을 발견했답니다. 그 물이 바로 뜨거운 온천수였죠."

"아, 그래서 마을 입구에 백학을 조각해서 세웠군요."

"한국과 일본과 중국의 온천에는 이처럼 백학과 관련된 설화가 전해지는 곳이 무척 많이 있죠. 왜냐하면 동아시아는 고대부터 백학들이 무리 지어 날아오는 월동지였기 때문이에요."

북유럽과 시베리아의 습지대에 살고 있는 학들은 날씨가 추워지면 남쪽으로 이동을 시작한다. 시베리아의 광활한 습지대를 출발한 학의 무리는 따뜻한 남쪽으로 수천km를 날아가는데 중국 양쯔강과 한반도의 해안과 일본 큐슈의 최남단인 이즈미 시까지 비행한다.

그런데 북유럽에 사는 학의 무리는 겨울이 찾아오면 남인도로 이동하기 위해 무려 8,000미터가 넘는 고봉들이 즐비한 히말라야 산맥을 넘어야 한다.

에베레스트 산, K2봉, 마나슬루 같은 고봉들이 끝없이 이어지는 히말라야 산맥은 산소가 몹시 희박하고 기온도 무척 낮아서 맹금류들조차도 넘는 것을 대단히 힘들어 하는 고산지대이다. 그러나 백학은 8,000m가 넘는 고봉들이 16개나 연이어 솟구친 히말라야 산맥을 거뜬히 날아올라

남인도의 따뜻한 습지로 이동을 한다.

2m나 되는 커다란 날개를 활짝 펴고 하얀 눈이 덮인 히말라야 산맥 위의 푸른 하늘을 유유히 날아가는 백학은 지구상에 존재하는 수많은 새들 중에서도 가장 높이 나는 새로 유명하다.

어느새 게로 온천에서 묵는 마지막 밤이 점점 이슥해지고 있었다.

인적이 끊어진 깊은 산속엔 오직 바람 소리와 와 시냇물 소리와 밤 벌레 소리만 가득하다. 은근한 별빛이 조금씩 새어 드는 작은 공간의 대나무의자에 편안하게 기대앉은 우리는 오래된 나무 탁자 위에 놓인 한 쌍의 학 조각 작품을 조용히 응시하기 시작했다.

단단하고 광택나는 짙은 검붉은 색의 흑단(黑檀)으로 조각된 학은 암수 두 마리가 함께 가냘픈 목을 길게 빼고 하늘을 향해 고고한 노래를 부르는 모습이다.

학의 고고한 자태는 세속의 모든 것을 모두 초월하고 깊은 깨달음을 얻은 구도자의 모습을 연상시키고 있다. 일말의 군더더기가 없는 목의 우아한 곡선에서 속세의 혼탁한 홍진들을 훌훌 털어내고 드넓은 자유를 찾아 새로운 날갯짓을 막 시작하려고 하는 백학의 맑은 영혼이 은은하게 느껴진다.

오랜 성찰과 사유의 시간을 마치고 이제 대지를 힘차게 박차며 하늘 높이 비상할 때를 깨달은 학이 아련한 두 눈으로 자신이 떠나왔던 본연의 고향을 바라보며 마지막 기도를 올리는 듯 숭고한 모습의 조각품.

일행 모두가 아무 말 없이 한 쌍의 학 조각 작품을 응시하고 있는 그 순간. 마음속 가장 깊은 곳에서 학의 그윽한 시선과, 학의 순수한 마음과, 학의 따뜻한 숨결이 서서히 느껴지기 시작한다.

순수한 열정으로 가득한 이름모를 장인의 영혼이 담긴 학 조각 작품에서 뿜어내는 신비의 기운과 우리의 기운이 서로 감응하기 시작했다.

우리는 '일본 3대 명천'인 게로 온천의 오래된 료칸에서 대단히 멋진 파워 스팟인 적갈색의 흑단으로 만든 학 조각 작품과 생생하게 대면하고 있었던 것이다.

그 날 우리 모두는 부드러운 검은색 벨벳이 한없이 펼쳐진 캄캄한 산촌의 밤하늘 아래에서 오랫동안 '학(鶴) 멍'을 하면서 도시생활을 하는 동안 마음속 깊은 곳에 켜켜이 쌓아 놓았던 탁한 마음의 찌꺼기들을 하나씩 날려 보내고 있었다.

누구는 '일본 알프스'의 고산준령에서 불어오는 바람에 날려 보냈고, 누구는 깊은 계곡을 타고 내리는 설산의 맑은 물에 흘려 보냈고, 또 누구는 부드러운 벨벳 같은 밤하늘에 어린 아기의 눈망울처럼 해맑게 빛나는 초롱초롱한 별빛 속으로 사라지게 했다.

> 나는 천(天)의 바람이 되어, 찬란히 빛나는 눈빛이 되어
> 곡식을 영글게 하는 햇빛이 되어, 하늘거리는 가을비 되어
> 그대 아침 고요히 깨어나면, 새가 되어 날아올라
> 밤이 되면 저 하늘 별빛 되어 부드럽게 빛날 거예요
> 그곳에서 울지 마세요
> 나 거기 없을 거예요
>
> ─미국 인디언들이 사랑한 시 「천(天)의 바람」

학(鶴) 조각 작품

에필로그

불을 뿜는 홋카이도의 학

2023년 12월 30일.

니가타 현 출신 사진 작가인 우에다 코키 씨가 일본 열도의 최북단인 홋카이도의 새하얀 눈밭에서 '불을 뿜는 학'을 촬영한 사실이 큰 화제가 되었습니다.

우에다 코키 씨는 수 년 전부터 매년 연말에 홋카이도 츠루이 무라의 새하얀 설원에서 살고 있는 학의 특별한 모습을 촬영하기 위해 7차례나 노력을 기울였는데 결국 7전 8기의 도전 끝에 성공하게 되었죠.

그날도 그는 캄캄한 어둠이 짙게 깔린 꼭두새벽부터 북풍이 휘몰아치는 홋카이도의 차가운 설원 위에 납작 엎드린 채 백학의 무리가 날아오기만을 초조하게 기다리고 있었습니다.

얼마나 시간이 흘렀을까?

깊고 긴 어둠의 두꺼운 장막을 헤치고 눈이 시릴 정도로 새파란 홋카이도의 하늘 위로 붉은 해가 막 떠오르기 시작했습니다.

바로 그때, 태고의 깊은 정적이 깔려 있는 청정한 눈밭 위에 선녀처럼 살며시 내려앉은 두 마리의 학이 하늘을 향해 동시에 울음을 터뜨렸습니다.

"뚜루루루~ 뚜루루루루~"

공자(孔子)는 시경(詩經) 학명(鶴鳴)편에서 학의 울음소리에 대해 이렇게 말했습니다.

"학이 저 먼 늪에서 울어도 소리가 온 들판에 울려 퍼지는구나."

목을 길게 뺀 학 한 쌍이 동시에 내는 중저음의 굵직한 노랫소리는 알프스의 드넓은 초원 위에서 부는 목관악기인 알프호른처럼 따뜻하게 울려 퍼지기 시작했죠.

"뚜루루루~ 뚜루루루루~"

이때, 학의 긴 부리에서 뿜어내는 뽀얀 입김 사이로 지평선 너머로 막 떠오르는 검붉은 아침 햇살이 서서히 투영되기 시작했습니다.

그 순간, 학의 긴 부리에서 나오는 하얀 입김이 주홍색으로 물들면서 마치 학 한 쌍이 시뻘건 불을 뿜는 듯한 신비로운 모습이 만들어지는 거였습니다.

우에다 코키 씨는 그 찰나의 순간을 놓치지 않고 카메라 셔트를 정신없이 눌렀고 결국 그의 오랜 소원대로 '불 뿜는 학' 사진이 완성되었습니다. 우에다 코키 씨가 추위와 찬바람을 무릅쓰는 각고의 노력 끝에 '천년을 사는 불사조'의 이미지를 가진 백학의 사진을 촬영한 것은 바로 동아시아인들이 수천 년 전부터 학을 무병장수(無病長壽)의 화신(化身)으로 굳게 믿었던 광대한 신선문화와 노장사상의 영향 때문입니다.

일본에는 다음과 같은 글귀가 선명하게 새겨진 남다른 장수 비석 하나가 있습니다.

> 70세에 어린이.
> 80세에 젊은이인 당신.
> 90세가 되었을 때 천국에서 부르면 이렇게 답하라.
> 100세가 될 때까지 기다리라고

장수에 대한 일본인의 남다른 자부심이 참으로 대단하게 느껴지는 비석이 아닌가요?
중국의 옛 선인은 이러한 가르침을 주셨죠.

> 의사(醫師)에는 3종류가 있다.
> 하의(下醫)는 병이 깊어진 후에 치료하는 자요,
> 중의(中醫)는 병의 초기에 치료하는 자요,
> 상의(上醫)는 병이 오기 전에 치료하는 자이다.

동아시아에만 유일하게 존재하는 인류의 고유한 문화자산인 광대한 학 문화는 '노화를 멈추고 건강 수명을 늘리고 불로장생'을 꿈꾸는 모든 미래세대에게 새로운 영감을 주는 온고지신(溫故知新)의 건강 문화입니다. 무엇보다도 학을 모티프로 한 다양한 예술작품들은 보는 것만으로도 마음을 편안하게 하고 기분을 좋게 만드는 테라피(Therapy) 효과를 발휘합니다.

저는 어린 시절에 동양 최대의 철새 도래지였던 낙동강 하구의 을숙도에 날아온 '상처입은 야생의 학'과 만나면서 학과 운명적인 만남을 가졌습니다.

그리고 〈3대가 태극권을 수련하는 가문〉에서 태어난 저는 일제강점기에 상하이에 거주했던 아버지로부터 '학과 뱀의 동작으로 구성된 전통무술'인 태극권(太極拳)을 배웠습니다.

중학교 2학년이었던 15세 때, 동래학춤의 고장으로 유명한 부산 동래에서 가장 유명한 요정이었던 '동래별장'의 기생이었던 친척 누나로부터 학춤을 배우게 되었습니다.

1975년에는 서울로 홀로 올라와 남산 아래에 있던 전통문화공연장 '한국의 집' 푸른 잔디밭 위에서 인간문화재 스승으로부터 궁중에서 학을 테마로 추는 무용인 '학 연화대 처용무 합설'을 열심히 배웠죠.

그후, 저는 궁중학무의 1인자였던 세종대학교 무용학과 교수이며 삼성무용단 단장이었던 정재만 교수, 여성 학춤을 공연한 서울대학교 무용학과 이애주 교수, 5대가 학춤을 추는 가문에서 태어나 불교 조계종에서 유일하게 사찰학춤을 추는 백성 스님 등과 많은 교류를 하면서 학의 고귀한 정신을 우아한 몸짓으로 표현하는 학의 예술에 마음속 깊이 매료되었습니다.

학춤은 혼란한 세상에서 태평성대(太平聖代)를 기원하는 의미를 담고 있습니다. 태평성대는 문자 그대로 '온 세상이 평화롭고 삶이 풍족한 세상'을 말합니다.

몸과 마음이 건강한 세상.

생태가 잘 보존되는 친환경적인 세상.

참혹한 테러와 전쟁이 없는 평화로운 세상.

가난을 극복한 경제적 풍요로움과 여유가 있는 세상.

학은 이러한 세상을 염원하는 동아시아인들이 깊은 마음이 깃들어 있는 유일무이한 문화적 코드입니다.

이러한 의미를 담아 학을 기념하는 날이 있습니다.

3월 7일, 학(두루미)의 날입니다.

국제자연보호연맹(IUCN)에서는 '멸종위기 직색목록'에 등록된 세계적인 희귀조류이며 '멸종위기 야생생물 1급'인 학을 보호하기 위해 이날을 기념하고 있습니다.

'학(두루미)의 날'은 고대 동아시아에서 발원한 학의 고귀한 문화가 세계적으로 저변을 확대할 수 있는 좋은 계기를 마련해 주고 있습니다. 학의 문화가 지향하는 무병장수, 평화, 생태 보호의 정신은 21세기의 지구촌에서 더욱 필요한 철학이며 사상이라고 할 수 있습니다.

저는 이 책을 집필하면서 독자들이 '무병장수의 상징'인 학을 통해 심신의 건강 증진에 도움이 될 뿐 아니라 학이 상징하는 광대하고 심오한 문화적 배경을 이해하고 공감하는 것에 주력했습니다.

그것은 이 책을 읽은 독자 여러분들께서 대단히 매력적인 학의 아름답고 풍부한 예술세계와 다양한 문화를 만끽하고 향유하기를 원하기 때문입니다.

중국의 현자(賢者)는 이런 말씀을 남겼습니다.

> 어리석은 자는 도(道)를 들으면 비웃고
> 일반인은 도(道)를 들으면 반신반의하고
> 지혜로운 자는 도(道)를 들으면 힘써 행한다.

우아하고 격조 높은 학의 예술은 심신의 건강을 위한 탁월한 예술 테라피(Art Therapy) 효과와 행운의 기운을 독자 여러분들에게 선사할 겁니다. 또한 아름다운 학춤의 동작에 동아시아의 전통무술의 기(氣) 운영법과 단전호흡과 명상의 장점을 콜라보레이션한 '세상에서 가장 우아한 안티에이징 춤 건강법'인 〈K-학춤〉은 독자 여러분의 심신을 고매한 학처럼 청신하게 만드는 탁월한 '기(氣) 테라피' 효능을 발휘할 것입니다.

저는 독자 여러분들께서 건강과 여행의 두 마리 토끼를 잡는 일본 힐링 여행책인 〈파워 스팟 일본 여행〉을 통해 현대인들이 희구하는 건강하고 행복한 인생을 살기 위해 무엇을 사유하고 무엇을 성찰하고 무엇을 비워야 하는지에 대한 백학의 진심 어린 노래를 듣게 되기를 바랍니다.

그리고 '진정한 행복'을 사유하는 인생의 친절한 길라잡이를 만나게 해주는 백학의 깊은 영혼의 메시지가 담긴 힐링 명상 학춤을 통해 혼탁한 세상에서 진선미(眞善美)를 추구하는 맑은 영혼들과 만나는 즐겁고 행복한 시간을 갖게 되기를 바랍니다.

전대미문의 코로나 19 바이러스(COVD-19)로 인한 팬데믹 이후 개인의 건강과 사회적 건강이 더욱 절실해진 지금.

독자 여러분들께서 이 책을 통해 어지럽고 혼란스러운 세상에서 잠시 벗어나 구만리(九萬里) 장천(長天)을 자유롭게 날아오르는 한 마리 백학이 되는 "마법 같은 환상 여행"의 기쁨과 행복을 느끼게 되시기를 바랍니다.

마지막으로, 아름다운 녹색의 지구촌에서 그립고 사랑하는 사람들과 함께 행복한 추억을 많이 만드는 평안하고 복된 시간을 오래도록 누리게 되시기를 두 손 모아 기원 드립니다.

학의 새로운 비상을 꿈꾸는 백학 온천에서
벽산(碧山) 정준 배상(拜上)

끽다거(喫茶去)